Geboren in der DDR

Nadine Ludeck

WIR vom Jahrgang 1980

Kindheit und Jugend

Wartberg Verlag

Impressum

Bildnachweis:

Privatarchiv der Autorinnen: S. 4 – 10, 13, 14, 16 – 20, 21 o., 22 – 25, 27 l., 28 – 30, 31 o., 33 – 36, 40 – 42, 44, 46, 47 u., 49, 51, 53 – 57, 59, 61 – 63; Illustrationen aus der ABC-Zeitung (Ausgabe März 1985): 27 r., 31 u., 32, Privatarchiv Baumann: S. 38 u., 45; Privatarchiv Daniel Staffen: S. 47 o., 58; ullstein bild – Bildarchiv: S. 11, 12; ullstein bild – Team 2: S. 15 l.; ullstein bild – AP: S. 15 r.; ullstein bild – Winkler: S. 21 u.; ullstein bild – Seifert: S. 26; ullstein bild – Imagebroker.net: S. 37, 38 o.; ullstein bild – Rieth: S. 39; ullstein bild – Zentralbild: S. 43; ullstein bild – KPA: S. 48; ullstein bild – DIAGENTUR: S. 52; ullstein bild – Willmar: S. 60

Wir danken allen Lizenzträgern für die freundliche Abdruckgenehmigung. In Fällen, in denen es nicht gelang, Rechtsinhaber an Abbildungen zu ermitteln, bleiben Honoraransprüche gewahrt.

1. Auflage 2009

Gestaltung und Satz: Ravenstein und Partner, Verden
Druck: Hoehl-Druck Medien + Service GmbH, Bad Hersfeld
Buchbinderische Verarbeitung: Buchbinderei Büge, Celle

34281 Gudensberg-Gleichen • Im Wiesental 1
Telefon: 0 56 03/9 30 50 • www.wartberg-verlag.de
ISBN: 978-3-8313-1980-0

VOR-
WORT

Liebe 80er!

Wir sind ein Jahrgang, dessen Kindheit und Jugend sich in zwei gleiche Teile trennen lassen.

Die ersten neun Jahre verbrachten wir als hoffnungsvoller Nachwuchs der DDR. Wir trugen oft nicht ohne Stolz das blaue Halstuch, trällerten Pionierlieder, lernten das ABC und unsere Heimat zu schätzen. Wir freuten uns mit Eltern und Geschwistern in den Sommerferien über einen Urlaubsplatz, möglichst an der Ostsee oder verbrachten unbeschwerte Ferientage in Betriebsferienlagern. Natürlich schielten auch wir Kinder immer mit einem Auge nach Begehrlichkeiten aus dem westlichen Teil Deutschlands. Lego-Bausteine wollten wir haben, eine Barbiepuppe, auf jeden Fall schicke Klamotten, Inlineskates mit dem passenden Sportdress und vieles mehr. Was interessierte uns Acht- und Neunjährige, dass Schwerter zu Pflugscharen umgeschmolzen werden sollten, dass immer mehr Menschen montags in den Großstädten für ein geeintes Deutschland demonstrierten. Noch verstanden wir nicht, warum Ende der achtziger Jahre zu Schuljahresbeginn einige Plätze in der Klasse unbesetzt blieben und wir zu diesen Kindern, die jetzt im anderen Teil Deutschlands lebten, keinen Kontakt mehr haben sollten.

Und dann kam 1989 die Wende. Die DDR verschwand Stück für Stück von der Bildfläche und mit ihr Pionierhalstücher, Unterrichtsfächer und bestimmte Produkte in den Regalen der Kaufhallen, die sich jetzt Supermärkte nannten. Wir wurden fahnenflüchtig und kehrten der geliebten Ostsee den Rücken, um mit unserem Stinker Trabi oder dem gebrauchtem Westwagen gen Süden zu düsen. Wir wurden Wossis, manche von uns ganz schnell, manche sehr zögerlich.

Liebe Achtziger, einige von euch werden sagen, für einen Rückblick auf die ersten 18 Jahre meines Lebens habe ich viel später noch Zeit. Das ist sicher richtig, angesichts eines verhältnismäßig hektischen Lebens wie dem unsrigen. Wir haben durch das Einhalten, das Rückbesinnen, das Kramen in alten Alben Spaß gehabt, Kraft geschöpft und viele Dinge, die für die eigene Zukunft wichtig sind, vor dem Vergessenwerden bewahrt.

Nadine L... Regina Söffner

Nadine Ludeck
Regina Söffner

Ein runder Jahrgang 1980 1982

Das 1. bis 3. Lebensjahr

Ausgesprochene Wunschkinder

Wir waren ein runder Jahrgang in des Wortes doppelter Bedeutung. Ausgesprochen proper, kleinen Sumo-Ringern ähnlich, schauten wir in die Welt. Zwei Hürden hatten wir mit unserer Geburt schon geschafft. Die erste war die Antibabypille, die zweite der in der DDR legale Schwangerschaftsabbruch bis zum vierten Monat. So konnten wir davon ausgehen, dass wir ausgesprochen geplante Wunschkinder waren.

Ein Lächeln für den Fotografen? – Nee, nicht auf Bestellung.

Entsprechend gewürdigt wurde das Ereignis unserer Ankunft. Omas, Opas, Verwandte und Bekannte unserer Eltern kamen in den ersten Monaten wie die Heiligen Drei Könige aus dem Morgenland nebst Fotoapparaten und vielen Geschenken.

Noch konnten wir gar nicht würdigen, was sie alles an nützlichen Sachen und Spielzeug für

Chronik

1. Januar 1980
Für zwei Jahre wird die DDR Mitglied des UNO-Sicherheitsrates.

1. Januar 1980
In der DDR werden in allen Pkw Anschnallgurte Pflicht.

26. Januar 1980
Zwischen Israel und Ägypten werden die Grenzen offiziell geöffnet.

14. April 1980
Einen Oscar als bester ausländischer Film erhält in Hollywood der Streifen „Die Blechtrommel" von Volker Schlöndorff nach dem Roman von Günter Grass.

30. April 1980
Die DDR und die BRD schließen eine Vereinbarung zur Verbesserung der Verkehrswege nach Westberlin.

19. Juli bis 3. August 1980
Die XXII. Olympischen Sommerspiele finden in Moskau/UdSSR statt.

14. August 1980
Rund 17 000 Beschäftigte der Danziger Lenin-Werft/Polen legen ihre Arbeit nieder und stellen wirtschaftliche und politische Forderungen.

17. September 1980
Zwischen Irak und Iran beginnt ein Krieg. Diese Auseinandersetzungen weiten sich nach fünf Tagen zum ersten Golfkrieg aus, der erst am 20. August 1988 endet.

1. Dezember 1981
AIDS wird als eigenständige Krankheit erkannt.

11. bis 13. Dezember 1981
Bundeskanzler Helmut Schmidt reist zum dritten innerdeutschen Gipfeltreffen in die DDR.

13. Dezember 1981
Der neue polnische Staats- und Parteichef Wojchiech Jaruzelski verbietet die Gewerkschaft „Solidarnosc" (Solidarität).

20. November 1982
Die innerdeutsche Transitautobahn Berlin-Hamburg wird eröffnet.

uns ergattert hatten. Unsere Aufgabe war es, uns während ihres Besuches von unserer Schokoladenseite zu zeigen. Das hieß ein freundliches Fotografiergesicht aufzusetzen, nicht zu brüllen, wenn die Erwachsenen sich unterhalten wollten – schon unseren Müttern zuliebe. Denn sonst hagelte es gute Ratschläge. Die reichten von Hausmitteln wie Fencheltee über Spazierenfahren bis der Liebling eingeschlafen ist bis zu drastischen Tipps, mit Watte in den Ohren das Gebrüll einfach zu überhören.

Ausfahrbereit in der ZEKIWA-Kutsche.

MILASAN und ZEKIWA

Wir Säuglinge sollten hauptsächlich viel schlafen, nachts möglichst ohne Unterbrechungen, tüchtig essen und einfach wachsen.

Ob Muttermilch oder industriell gefertigte Kindernahrung mit den klangvollen Namen „Milasan", „bekina", „KINA" – uns schmeckte es. Die Gläschen mit Apfel und Möhre, Spinat und Rindfleisch wurden sogar von unseren älteren Geschwistern gern gekostet. Dick

Baden ist etwas Schönes.

galt als schick und vor allen Dingen als gesund. Und wenn wir nicht an der Flasche hingen oder unseren Brei löffelten, nuckelten wir auf dem Gummi eines Schnullers herum.

Noch war unsere „Aufzucht" in den meisten Familien ausschließlich Frauensache. Wer hatte damals schon von einer Babypause für Väter gehört? Auch nahm kaum ein angehender Papa an dem Ereignis unserer Geburt in einem Kreißsaal teil, sondern er wartete lieber zu Hause oder in einem Krankenhausflur. Nach schier endloser Warterei wurde ihm der Stammhalter oder die Stammhalterin frisch gebadet, gekleidet in einem niedlichen, meist noch viel zu großen Strampler vorgeführt.

Es gab keine Klinik, in der die Neugeborenen mit der Mutter im Raum lagen. Wir Säuglinge schliefen in einem Babyzimmer mit den anderen kleinen Schreihälsen. Dort kümmerten sich Krankenschwestern um uns und brachten uns nur zum Stillen zu unserer Mami, denn die Mütter sollten sich zunächst einmal von der Geburt erholen. Sie würden zu Hause noch früh genug erleben, wie so ein kleines Bündel eine ganze Familie auf Trab halten kann.

Und ehrlich, wer hat damals Väter gesehen, die uns wickelten, obwohl die DDR eigene einfache Wegwerfwindeln entwickelt hatte? Gern fuhren sie uns allerdings schon einmal in dem flotten ZEKIWA-Gefährt aus. 460 000 Kinderwagen stellten die 2000 Beschäftigten der Zeitzer Kinderwagenfabrik mit Ost-Monopol jährlich bis zur Wende her und 150 000 Puppenwagen.

DAS Köfferchen

Unsere Mütter hatten es im Vergleich zu ihren Müttern deutlich einfacher, Haushalt, Mann und Kinder unter einen Hut zu bringen. Das Unternehmen Familie wurde Stück für Stück technisiert, von der halbautomatischen Wasch-

Einen Löffel für den Papa, einen für die Mama …

maschine WM 66 bis zu Kaffeemaschinen, Handrührgeräten RG 28s und natürlich Tiefkühlschränken zur Bevorratung von Lebensmitteln. Einige Muttis durften sogar schon mal mit der Familienkutsche „Wartburg", „Lada" oder dem geliebten Stinker „Trabant" Einkäufe erledigen. Aber das war eher unüblich. Für das leibliche Wohl der Familie konnte per Rad oder zu Fuß gesorgt werden, dafür aber umso öfter. Einen Zweitwagen für die Frau gab es nur selten. Man war ja schon über ein Auto, auf das man viele Jahre gewartete hatte, froh. Meist wurden die Einkaufsnetze über die Lenkstange am Kinderwagen gehangen. Manche Babykutschen hatten eine Gepäckablage zwischen ihren Rädern. An frischer Luft ausgefahren zu werden, war für uns Babys eine Lieblingsbeschäftigung, fast so schön wie das tägliche Baden. Dazu stellte Mama eine Plastikbadebanne in die große Wanne im Bad, so dass wir uns richtig im Schaum aalen konnten. Dass daneben mit einem Waschlappen vorsichtig an uns herumgerubbelt wurde, na ja, es musste halt sein. Kaum sprossen drei Haare auf dem Kopf, wurden diese auch regelmäßig gewaschen. Aua, das brannte oft in den Augen. Da half auch kein mörderisches Schreikonzert. Raus aus dem Wasser und rein ins MALIMO-Badetuch. Das DDR-Patent MALIMO war aber bei Weitem nicht so weich wie ein Frotteetuch. Danach wurden wir mit ELASAN eingekremt, oder aber, wenn es unserer Mutti gelungen war, „DAS Köfferchen" von Penaten zu bekommen, als Geschenk von Verwandten oder im harten Umtausch DDR-Mark gegen Westmark, mit Penatencreme. Die Penaten-Box enthielt Creme, Puder, Öl und Badezusatz und war heiß begehrt in der DDR, da sich die Meinung hielt, nur sie sei gut genug für unsere samtweiche Haut oder auch einmal als Heilmittel für einen windelgestressten Popo.

Zuwachs und Mangelwirtschaft

Die Leistungen aus den gesellschaftlichen Fonds haben sich für die Bevölkerung 1980 im Vergleich zu 1970 nahezu verdoppelt. Niedrige Mieten und stabile Preise werden beibehalten. Die aus den gesellschaftlichen Fonds kommenden jährlichen Aufwendungen für eine vierköpfige Familie steigen 1980 auf 8248 Mark gegenüber 5241 Mark 1975.
Von 100 Haushalten besitzen im Jahr 1980 99 einen Kühlschrank, 1970 waren es nur 56. Einen Fernsehapparat haben 1980 schon 90 Familien, 1970 waren es noch 69, und Waschmaschinen 80 Familien, 1970 nur 54. Einen Pkw nennen 36 von 100 Familien ihr Eigen, 1970 lediglich 16.

Auf dem Töpfchen ein Sonnenbad.

Raufaser selbst gemacht

Unsere armen Väter müssen sich beim ersten Besuch in einem Baumarkt nach der Wende wie im Schlaraffenland gefühlt haben. Wie mühsam haben sie auch noch in den 80er Jahren für Verschönerungen des eigenen Heims oder für den Bau einer Datsche (Wochenendhaus) das Baumaterial und das Handwerkszeug zusammengetragen. Ein typischer DDR-Witz stellte die Frage: Was macht ein DDR-Bürger, wenn er in der Wüste eine Schlange sieht? Er stellt sich hinten an. Vor einem „Smalcalda-Laden" beispielsweise bildeten sich regelmäßig lange Schlangen. Jeder wusste, dass dann aus Schmalkalden in Thüringen elektrische Handbohrmaschinen eingetroffen waren. Sie waren leider nicht das einzige Werkzeug, dessen Fehlen den Hobbyhandwerker in seinem Tatendrang bremste oder zu Eigenkreationen anstachelte. Statt mit Fugenkellen, wurden eben mit Löffelstielen Fugen verfüllt. Die damals geliebte Raufasertapete war ebenfalls Bückware. Hatte man keine Beziehungen, gab es ein Hilfsmittel. Die weiße Rückseite einer gemusterten Tapete wurden aufgeklebt und mit weißer Farbe übergestrichen, der kleinste Holzspäne beigesetzt waren. Armaturen aus Chrom, Sanitärkeramik in verschiedenen Farben, verchromte Küchenbecken, so etwas konnte der Heimhandwerker nicht im Eigenbau herstellen. Diese Begehrlichkeiten bekam nur, wer einen Bezugsschein B (Beziehungen) hatte oder diese Dinge gegen Devisen erwarb. Man konnten natürlich auch auf dem Schwarzmarkt im Tauschgeschäft Tapete gegen Bettwäsche o. Ä. ergattern.

Krabbeln unter Anleitung der großen Schwester.

Tanten als Ersatzmütter

Es gab durchaus schon Dinge, in denen die DDR Weltspitze erreichte. Dazu zählte die Frauenarbeit. 95 Prozent der Frauen waren 1980 der Zweitverdiener (1950 waren es nur 49 Prozent). Jede vierte Frau ackerte sogar im Schichtsystem. Unsere Mütter waren neben typischen Frauenberufen wie Kindergärtnerin, Sekretärin, Krankenschwester auch in die männliche Domäne eingebrochen und betätigten sich als Kranfahrerinnen und Ingenieurinnen. Die Zahl der Frauen in leitenden Positionen war so gering, dass sie lieber gar nicht in großen Statistiken erwähnt wurde. Doch wohin mit den Knirpsen? Omas arbeiteten meist auch, denn sie waren oft in dem Alter, in dem heute Frauen ihr erstes Kind erwarten.

Wir wurden nicht gefragt, wir konnten ja auch kaum Wörter artikulieren oder richtig laufen, sonst hätten sicher viele von uns nicht zugestimmt, dass sie Tag für Tag mit dem ersten Hahnenschrei quasi „aus dem Nest geworfen wurden".

Zwei Drittel des Tages verbrachten wir in einer Kinderkrippe. Sie glich zwar einem hübschen Haus für Zwerge, aber es war eben etwas, das man mit vielen Kindern teilen musste und in dem man nicht mehr der Mittelpunkt der Familie war. In einem Raum wurde gespielt und gegessen. Da saßen wir Gnome mit unserem dicken Windelpopo auf winzigen Stühlchen, einen überdimensionierten Latz vor dem Bauch und versuchten recht ungelenk, unseren Brei zu löffeln. Klappte es noch nicht, dann fütterte uns eine Krippentante. In einem anderen Raum wurde gemeinsam in kleinen aneinandergereihten Bettchen Mittagsschlaf gehalten, nachdem wir vorher in Reih und Glied auf Töpfchen verfrachtet worden waren.

Könnt ihr euch noch an die großen Ausfahrwagen erinnern, Bollerwagen genannt,

Die ersten Fahrversuche im Wohnzimmer mit dem Dreirad, das der Weihnachtsmann brachte.

in denen zirka acht Steppkes zur Spazierfahrt in den nahen Park Platz fanden?

Zu fast jeder Krippe gehörte ein Garten, den wir krabbelnd und wacklig laufend erkundeten – und natürlich ein Buddelkasten. Nicht nur die Jungs entdeckten in sich kleine Architekten und Baumeister, auch wir Mädchen liebten die PEBE-Bausteine, ähnlich dem LEGO. Oft war es gerade so, dass man immer genau das Spielzeug haben wollte, mit dem ein anderer spielte, und so gab es Streit. Einzelkinder lernten so aber zu teilen und nicht jeden Wunsch durchzusetzen.

Große volkseigene Betriebe leisteten sich meist eine eigene Kindereinrichtung mit Kinderkrippe und Kindergarten. Daneben gab es kommunale Betreuungsstätten. Die meisten waren neu gebaut, hell und freundlich ausgestaltet und für die Eltern mit einem Monatsbeitrag von rund 27 Mark ausgesprochen preiswert.

Der Staat propagierte die Frauenarbeit aus Arbeitskräftemangel, und so ließ er sich die sozialen Leistungen im Umfeld auch etwas kosten. Es gab Kindergeld, einen monatlichen Hausarbeitstag für Frauen und Frauensonderpläne zu deren Qualifizierung.

Unsere ständigen Begleiter.

Nicht wegzudenken

Schlümpfe und Monchhichis aus dem Westen waren niedlich, aber nur wenige konnten sie ergattern. Nicht so der Teddybär. Er gehörte bei unseren Omas, unseren Müttern, bei uns und jetzt wieder bei unseren Kindern zu den ersten treuen Spielgefährten. Der kuschelige Kerl mit dem tiefen Brummton durfte mit ins Bett. Ab und zu diente er während eines Nickerchens als Kopfkissen oder er wachte mit seinen hellbraunen Knopfaugen über unseren Schlaf. Leider konnte er mit unseren schneller werdenden Schritten nicht mithalten, so dass er manchmal ganz schön unsanft hinterhergeschleift wurde. Aber er blieb der Nachtgefährte.

Je besser wir den aufrechten Gang beherrschten, umso mehr mussten andere Spielsachen her. Bälle, Bauklötze, Eisenbahnen, Puppen mit Puppenbett und Puppenwagen und natürlich ein Dreirad. Und das Schönste daran war, Dreiräder gab es nicht wie DDR-Autos nur auf Anmeldung. Und wir mussten auch nicht wie unsere Väter zehn Jahre auf den fahrbaren Untersatz warten.

Klein, leicht, kompakt

Während im Westen die CD auf den Markt kam, war im Osten die LP noch der Hit!

Auf der Funkausstellung 1981 in Westberlin wird eine kompakte kleine Scheibe als absolute Neuheit präsentiert – die Compact Disc, kurz CD. In der Produktionsstätte Langenhagen bei Hannover beginnt am 17. August 1982 die weltweit erste industrielle Produktion des letzten ABBA-Albums und zwar noch bevor am 1.Oktober 1982 der erste in Serie produzierte CD-Spieler auf den Markt kommt. Bis 1988 werden weltweit 100 Millionen Audio-CDs hergestellt. Ab 1988 gibt es Systeme, mit denen CDs gebrannt werden können und nicht mehr gepresst werden müssen.

In den DDR-Haushalten stehen zu dieser Zeit nach wie vor die guten alten Plattenspieler oder Tonbandgeräte. Musik kommt von den schwarzen Vinylscheiben des VEB Deutsche Schallplatte mit den Labels Amiga, Litera, Aurora, Eterna, Nova, Schola.

In die Pflicht genommen

Schon bevor wir geboren waren, wurden wir regelmäßig zum Arzt und zur Mütterberatung getragen. Hatten wir auch zugenommen, lagen wir richtig, ging es unseren Müttern gut. Nichts wurde dem Zufall überlassen. Und das setzte sich im Baby-, Kindes- und Jugendalter fort.

Männern und Frauen im weißen Kittel betasteten uns, wollten in den Hals schauen, packten uns auf eine Waage und ab und zu gab es unter Protest auch einen Pieks. Dazu musste man nicht mal krank sein. Wir strampelten in einem engmaschigen Netz der Gesundheitsvorsorge. Das schloss Pflichtimpfungen und regelmäßige Gesundheitskontrolle ein. Viele von uns haben sich vorsorglich ein paar Monate mit Spreizwindeln herumplagen müssen, manche bekamen später für die Schuhe Einlagen oder eine Brille verpasst, die beim Spielen oft recht hinderlich war.

Die Krippenkinder, auf engstem Raum zusammen, steckten sich oft mit harmlosen Kinderkrankheiten gegenseitig an. Einen Steppke gab es fast immer, dessen Nase lief oder der hustend Bazillen im gesamten Spielkreis verteilte. Dann blieb nicht Vati mit dem kranken Kind zu Hause, sondern Mutti musste wieder im Betrieb fehlen, was bei den Kollegen nicht gerade Begeisterungsstürme auslöste. Aber was sollte es. Dafür absolvierten wir die üblichen Kinderkrankheiten schon früh im kurzen Zeitraum und waren immun. Die anderen waren dann später im Kindergarten oder in der Schule dran. Durch die Polio-Schluckimpfung gab es seit deren Einführung 1960 keinen Krankheitsfall von Kinderlähmung mehr in der DDR. Diese Gesundheitskontrolle setzte sich später in der Schule fort. Regelmäßig kam der Schularzt oder der Schulzahnarzt in die Klassen. Ein Loch im Zahn? Mit einem Eintrag ins Hausaufgabenheft wurde Mutti aufgefordert, mit dem Nachwuchs sofort den Mann mit dem Bohrer aufzusuchen.

Jedem eine Wohnung

Plattenbauboom in der DDR.

1972 hat die Regierung beschlossen, bis zum Jahr 1990 drei Millionen Wohnungen neu zu bauen beziehungsweise zu modernisieren. „Jedem seine Wohnung" heißt das Projekt, in schnell hochgezogenen Satellitenstädten in Plattenbauweise genügend Wohnraum für alle zu schaffen. Und Wohnungen in einer „Platte" sind heiß begehrt, denn sie besitzen Zentralheizung, ein kleines, wenn auch fensterloses Bad, im Baujargon treffend Nasszelle genannt, ein WC in der Wohnung, fließend warmes und kaltes Wasser, meist einen Balkon oder eine Loggia und sind preiswert. Bis 1980 werden in der gesamten DDR zirka 800 000 Wohnungen nach „Schema F", also immer nach standardisiertem Bauplan, errichtet. Im nahen Umfeld der Wohnblocks entstehen moderne Schulen, Kindereinrichtungen und Kaufhallen. Doch längst geht es nicht nach dem Motto „Wünsch dir was". Einer jungen Familie mit einem Kind kann durchaus eine Einraumwohnung als ausreichend zugewiesen werden oder maximal zwei Zimmer. So vermessen, Wünsche bezüglich der Lage oder des Stockwerkes zu stellen, ist keiner. Die Freude über buchstäblich die eigenen vier Wände überwiegt.

Babysprache

Die Neue Deutsche Welle, die Anfang der 80er Jahre im Westen boomte und natürlich auch in der DDR gehört wurde, bediente sich einer Sprache, die musikalische Babys selbst hätten produzieren können. Der Titel „Da, da, da" von der Band Trio, gesungen von Stefan Remmler, gehörte neben Mama und Papa zu unserem ersten Wortschatz. Dazu drosch der Drummer auf sein Schlagzeug ein, wie wir mit dem Löffel auf die Kochtöpfe. Auch in den Refrain von Falcos „Drah di net um, schau, schau, der Kommissar geht um ..." hätten wir mit einstimmen können. Noch heute sind die Titel bekannt, wie auch Peter Schillings „Major Tom" oder Songs der Gruppe Geier Sturzflug wie „Bruttosozialprodukt".

Auf dem Thron gewinnt der Familiennachwuchs die richtige Übersicht.

Unser erster eigener Hausstand

Noch bevor wir das Licht der Welt erblickt hatten, wurde für uns angeschafft. Ein vergittertes Kinderbett stand bereit, ebenso ein Laufställchen mit Gitter oder einem Netzwerk, aus dem wir unmöglich ausbrechen konnten. Während Mutti den Brei oder das Fläschchen erwärmte, unser tägliches Bad vorbereitete, den Haushalt erledigen wollte, wurden wir ins Laufgitter verbannt. Das fand mit zunehmendem Bewegungsdrang immer seltener unseren Beifall. Wir protestierten lautstark, bombardierten unsere Umgebung mit Holzklötzen. Hier begannen wir schon, unsere Eltern zu erziehen, indem wir oft unseren Kopf durchsetzten. Wir hatten eben die besseren Nerven. Später, als wir schon richtig gut laufen konnten, nutzte Mutti einen Teil des Laufgitters als Barriere zwischen Küche und Zimmer. So konnte sie uns beim Spielen beobachten, ohne dass sie Angst haben musste, dass wir in der Küche Unheil anrichteten.

Ein Hochstuhl versetzte uns in die Lage, mit am Tisch der Erwachsenen Platz zu nehmen, die Schranke verhinderte, dass die kleine Patschhand unbefugt auf den Tisch langte und wie der Zappelphilipp aus dem „Struwwelpeter" alles vom Tisch zog.

Badewanne und Töpfchen gehörten ebenfalls zur Grundausstattung, wie meist eine Wickelkommode, in der praktischerweise unsere Erstausstattung untergebracht war.

Auch eine Tragetasche für Babys stand meist bereit. Darin wurden wir, natürlich angeschnallt, während einer

Keine Angst vorm Wasser.

Autofahrt auf den hinteren Sitz verfrachtet. Von manchem Kinderwagen ließ sich das Oberteil abschrauben. Es wurde dann komplett auf den Hintersitz gequetscht und das Fahrgestell in den Kofferraum gezwängt. Kindersitze nach Norm und in verschiedenen Größen waren unseren Eltern noch völlig fremd.

Erste Ausflüge

Wenn unsere Eltern an den Wochenenden oder im Urlaub Zeit hatten, unternahmen sie mit uns Ausflüge. Wollten sie nicht mit dem Kinderwagen unterwegs sein, dann hatte Papa die ehrenvolle Aufgabe, den Steppke auf den Schultern zu balancieren. Im Sommer ging es

Wenn ich so groß bin wie meine Schwester, kann ich das Löwenbaby auch auf den Schoß nehmen.

in eine Badeanstalt. Wir und unser Schwimmring machten unter Aufsicht der Eltern Bekanntschaft mit kühlerem Wasser. Besaß die Familie einen Garten, dann wurde in ihm ein kleines Planschbecken aufgeblasen und mit lauwarmem Wasser gefüllt, in dem wir tollen konnten. Wir Berliner genossen schon als ganz kleine Mädchen und Jungen gleichermaßen einen Ausflug in den Tierpark. Das Löwenbaby aus dem Streichelzoo war zwar noch keine zwei Jahre alt, aber ganz schön groß und auf Omis Schoß fühlte es sich wohl.

Berühmte 1980er

Christoph Metzelder

27. Januar	**Eva Padberg**, deutsches Topmodel, seit 1998 Model für Ralph Lauren und Calvin Klein
13. Juni	**Sarah Connor**, deutsche Sängerin
20. Juli	**Giselle Bündchen**, brasilianisches Supermodel, wurde bei einem McDonald's-Besuch entdeckt
7. August	**Christian Schreiber**, deutscher Ruderer, mehrfacher Weltmeister im Doppelvierer Junioren
30. September	**Martina Hingis**, slowakisch-schweizerische Profi-Tennisspielerin und ehemalige Weltranglisten-Erste
5. November	**Christoph Metzelder**, deutscher Fußballer und Nationalspieler
18. Dezember	**Christina Maria Aguilera**, amerikanischer Popstar

Giselle Bündchen

1983–1985

Aus großen Kleinen werden kleine Große

Das 4. bis 6. Lebensjahr

Mit Kind und Kegel in die Ferien

Grüße aus dem DDR-Ferienheim für Bauarbeiter im Eichsfeld.

Unsere Trabis, bösartig überdachte Zündkerzen genannt, waren geduldig wie die Esel. Was wurde alles in den kleinen stinkenden Zweitakter hineingepackt, wenn die Familie in den Urlaub fuhr. Zwei Erwachsene und zwei Kinder waren für den Plastebomber schon eine ganz schöne Last. Jedes Stückchen Platz wurde ausgenutzt. Es war durchaus nicht ungewöhnlich, die Füße auf Konservenbüchsen, Kartoffeln, einer Tasche mit Bettwäsche oder Regenjacken abzustellen. Der Kofferraum war klein und fasste gerade die Bekleidung für vier Personen und wohl ausgewähltes Spielzeug für uns Jungen und Mädchen. Bis unters Dach voll gestopft wurde die Urlaubsreise angetreten. Knatternd holperte das Auto über löchrige Landstraßen. Es tuckerte über Autobahnen, die noch aus Zeiten des Nationalsozialismus stammten und in dem entsprechenden Zustand waren. Die Urlaubswelle rollte – vorrangig zu des DDR-Bürgers liebstem Urlaubsziel – der Ostsee. Zu damaligen Zeiten gab es an den Autobahnen keine Rastplätze mit Toiletten, schon gar nicht

Chronik

29. Juni 1983
Die Bundesrepublik übernimmt für eine Milliarde D-Mark die Bürgschaft für einen DDR-Kredit. Der bayerische Ministerpräsident Franz Josef Strauß hat die Verhandlungen mit der DDR geführt. Im Gegenzug baut die DDR die Selbstschussanlagen an der innerdeutschen Grenze ab.

1. September 1983
In der Bundesrepublik beginnt das Internet-Zeitalter. Die Deutsche Post startet bundesweit den so genannten Bildschirmtext (BTX).

24. September 1983
In Wittenberg findet während eines Kirchentages vor etwa 4000 Teilnehmern eine symbolische Aktion statt. Der örtliche Schmied Stefan Nau schmiedet getreu dem Motto der Friedensbewegung „Schwerter zu Pflugscharen" ein Schwert zu einer Pflugschar um.

9. Februar 1984
Erich Honecker übergibt in Berlin die seit 1979 gebaute zweimillionste Wohnung.

27. Juni 1984
Die Ständige Vertretung der BRD in Berlin wird geschlossen. 55 DDR-Bürger haben versucht, darin die Ausreise in die BRD zu erzwingen.

4. Oktober 1984
Vorübergehend wird die Botschaft der BRD in Prag geschlossen, nachdem 150 DDR-Bürger versucht haben, so über die CSSR in die BRD auszureisen.

31. Dezember 1984
Ungewöhnlich viele DDR-Bürger siedeln im Jahr 1984 in die BRD um: 40 900 Menschen haben das Land verlassen.

13. Februar 1985
Wiedereröffnung der Dresdner Semperoper genau 40 Jahre nach ihrer Zerstörung.

11. März 1985
Michail Gorbatschow wird zum Generalsekretär der KPdSU gewählt. Er leitet die Ära Glasnost (Offenheit) und Perestroika (Umstrukturierung) ein.

1. November 1985
Die DDR beendet die Räumung der Minenfelder an der Grenze zur BRD.

Glücklich, wer Urlaub an der Ostsee machen konnte.

solche, die Wasserspülung oder gar einen Wickelraum für Babys einschlossen. Vielleicht war es deshalb Mode, eine Toilettenpapierrolle auf der Ablage im rückwärtigen Fenster des Autos mitzuführen. Natürlich wurde das Spezialpapier für „hinterlistige Zwecke" getarnt. Wer auf die Idee gekommen war, Mützchen mit Schleifen für Klopapier zu häkeln, wer weiß? Aus unserer heutigen Sicht ist das an Kitsch nicht zu überbieten.

Wer keinen Platz in einem FDGB- oder Betriebsferienheim zugeteilt bekommen hatte, campte oder kam in Privatquartieren unter.

Die Blech- und Papplawine rollte gen Norden: Stoßstange an Stoßstange Trabis, Wartburgs, Ladas und Moskwitsch (bösartig auch Rostkwitch genannt), Wohnwagen, Wohnmobile und Campinganhänger. Der kleine „Quek" war mit Vorzelt oder als „Quek-Junior" erhältlich, ebenso die größeren komfortableren „Bastei-Wohnwagen". Der absolute Knüller aber war das „Döbelner Ei", ein Anhänger in Leichtbauweise mit halbrundem

Dach, der im Volksmund auch „Wanderniere" genannt wurde. Den Kleinen, ausgestattet mit winziger Kochstelle, einem eingebauten Kleiderschrank und einer Sitzecke, die nachts zum Bett umfunktioniert wurde, bekam sogar ein Trabi mit seinen wenigen Pferdestärken vom Fleck. Natürlich war das mit dem Erwerb das übliche Problem: Devisen, Beziehungen, Sonderbezugsscheine oder Ausdauer waren schon vonnöten, um einen dieser Campingwagen zu erstehen.

Auf den Zeltplätzen des Bezirkes Neubrandenburg erholten sich jedes Jahr zirka 2 000 000 Campingfreunde. Direkt an der Ostsee nutzten die Urlauber jeden Quadratmeter der 341 Kilometer langen Küstenlandschaft für ihr Sommervergnügen. 196 Kilometern sandiger Flachküste folgten in mehrfachem Wechsel 145 Kilometer zerklüfteter Steilküste.

Sonne, Sand und Meer, was will man mehr?

Die Familienkutsche Wartburg war Transportmittel, Vorratskammer und manchmal wurde in ihm bei Zwischenstopps sogar übernachtet.

Lkw statt Pkw

Wer in der Hauptstadt der DDR wohnte, war bei Privatvermietern an der Küste ein gern gesehener Gast. Schließlich waren in Berlin Dinge erhältlich, von denen in anderen Regionen des Landes nur geträumt wurde. Und so gaben die Besitzer eines Zimmerchens mit Meerblick schon rechtzeitig eine Bestellung an ihre Feriengäste auf. Hauptsächlich Bier, frisches Gemüse und Obst wurde geordert. Unser Wartburg-Tourist wurde mit allem Eigenbedarf und den zusätzlichen Waren für den Vermieter auf diese Art und Weise zum Lkw. Unser Vati musste sogar die Schmutzschürzen am Auto kürzen, damit sie nicht auf dem Asphalt schleiften.

So groß werden wie die Sonnenblumen im Garten vor unserem Haus.

Buddelkasten und Planschbecken im Großformat

Wir waren platt. Unser Urlaubsplatz war ja ein riesiger Buddelkasten. Sand so weit das Auge reichte und Wasser zum Planschen. Mehr brauchten wir nicht. Spieleimer, Förmchen und Schippe in die Hand, Schwimmring um den Hals und los ging es zum Strand. Wir hatten den ganzen Tag Arbeit. Ob Junge oder Mädchen, es wurde gebaut: Gigantische Ritteranlagen und Kleckerburgen aus Sand. Ab und zu brachten wir den Eltern einen leckeren Sandkuchen im Förmchen. Wir sammelten Muscheln zur Verzierung der Bauwerke und Steine, um dem zerstörerischen Werk der anrollenden Wellen als kleine Deichbauer zu trotzen.

Doch die Ostsee liegt nicht in Italien oder Spanien. Sie hat viele Gesichter und nicht nur ein lachendes. Zeigte sie uns doch manchmal auch mitten im Hochsommer eine ganz schön kalte und stürmische Schulter. Wer kann sich nicht an das Wechselbad der Temperaturen erinnern. Wir pilgerten mit voller Ausrüstung zum Strand. Kaum dass alles ausgepackt, der Sonnenschutz aufgestellt war und wir uns ausgezogen hatten, verdüsterte sich der Himmel. Also alle Mann Bademäntel an, sich in den Windschatten hocken und ein Stoßgebet zum Himmel schicken. Wir Kleinen fingen an zu frieren und quengelten, weil wir eingemummelt zur Bewegungslosigkeit verdammt waren. Also zog sich die ganze Familie wieder an, alles wurde eingepackt, der Sonnenschutz abgebaut und der Strand verlassen. Ironie des Schicksals: Kaum waren wir 500 Meter vom Strand entfernt, war der Himmel wie blank geputzt und die Sonne schien wieder. Also wieder das Ganze von vorn.

Aber trotz allem waren es für uns Kinder herrliche Urlaube. Regen- und Sturmtage waren im Nu vergessen, wenn wieder Klärchen Sonne lachte.

Mama, ich kann schon allein Sandburgen bauen!

Bei Feiern wurde der Tisch hübsch dekoriert mit Selbstgebasteltem.

„DDR-Patent"

Zum Schutz gegen Sonne und Wind nähten unsere Eltern einen Sonnenschutz, der einer Burg glich, die in den Sand gerammt werden konnte. Zwischen die Stoffbahnen kamen feste Stäbe, zum Beispiel Besenstiele. An die untere Seite der Stoffbahnen wurden Taschen genäht, in die zur Verstärkung bei starkem Wind Sand gefüllt werden konnte. In eine aufgenähte Tasche wurde das Sonnenöl verfrachtet, um es sandfrei zu halten.

Die großen Kleinen

Vom dritten Lebensjahr an wurden diejenigen von uns, die eine Kinderkrippe besucht hatten, in den Kindergarten versetzt. Sie waren jetzt die großen Kleinen. Manche von uns, die keine „Krabbelanstalt" kennen gelernt hatten, begriffen erst im Kindergarten, was es heißt, in der Reihe zu tanzen. Der Tagesablauf von uns Vorschulkindern war bis ins Kleinste geplant. Meist vor dem Ausschlafen wurden wir nun geweckt, mit einer Brottasche aus Leder oder Lederrol versehen und von Mutti zu dem Ort auf den Weg gebracht, an dem wir so lange bleiben sollten, bis sie uns wieder abholte. Ein Küsschen folgte und die Ermahnung, artig zu sein. So schlecht sah das Ganze bei erster Betrachtung gar nicht aus. Es gab eine Menge Spielzeug, sogar einen Puppenwagen. Aber nur einen und so viele Mädchen? Zunächst war es

Im Kindergarten hatten wir viele Spielkameraden …

... und es war immer etwas los.

wie zu Hause: Anorak ausziehen und ordentlich auf den Haken hängen, Hausschuhe anziehen und dann Hände waschen. Es wurde erst einmal gefrühstückt. Jeder bekam einen Platz an dem runden Tisch zugewiesen. Zum warmen Kakao packten wir unsere Brottaschen aus. Und danach einfach in den Garten laufen, um im Buddelkasten zu spielen – weit gefehlt. Singstunde stand auf dem Stundenplan. Die Kindergärtnerin spielte Triangel und wir übten das Lied vom Volkspolizisten. „Und wenn ich mal groß bin, damit ihr es wisst, dann werde ich auch so ein Volkspolizist ...", trällerten wir mehr oder weniger richtig. Unser Lieblingslied begann allerdings so: „Kam ein kleiner Teddybär aus dem Spielzeuglande her. Und sein Fell war wuschelweich, alle Kinder riefen gleich ..." Jetzt kam unser vielstimmiger Einsatz zum Refrain: „Bummi, Bummi, Bummi, Bummi brumm, brumm, brumm." Bis zum Mittagessen war noch Zeit, jetzt wurde mit Knetmasse gebastelt. Wieder im Gänsemarsch zum Händewaschen und danach hieß es Platz nehmen zum Mittagessen. Der tägliche Mittagsschlaf folgte und schließlich ging es hinaus in den Garten. Hier konnten wir uns auf der Schaukel, dem Klettergerüst oder im Sandkasten austoben. Und endlich stand Mutti am Tor, abgehetzt, manchmal schon mit Einkaufsnetz in der Hand. Unser Arbeitstag war beendet, Muttis noch lange nicht.

Sandmann, lieber Sandmann

Eh' jedes Kind ins Bettchen musste, saß es frisch gewaschen, mit geputzten Zähnen, meist schon in Schlafanzug oder Nachthemd vor der Flimmerkiste. Der Abendgruß des DDR-Fernsehens mit unserem geliebten Sandmännchen wurde nie verpasst. Schließlich streute er uns den berühmten Schlafsand in die Augen. Wir Kinder liebten den kleinen Zwerg mit Spitzbart und Zipfelmütze. Wusste er doch, unterstützt von den lustigen Figuren Pittiplatsch, Schnatterinchen, dem schlauen Herrn Fuchs und der listigen Frau Elster, wunderschöne Geschichten zu erzählen.

Unser Sandmännchen.

Zu Kindergeburtstagen glich unser Haus einem Bienenschwarm.

Feste feste feiern

Früh übt sich, was ein Partylöwe oder eine Partylöwin werden will. Man lädt sich Gäste ein, je mehr, desto häufiger sind Gegeneinladungen zu erwarten. Schließlich hat man als Kind sein Personal, das Geburtstagsfeiern ausrichtet. Mama wird's schon richten und Omas stehen ja auch noch zur Verfügung. Papa übernimmt den Fahrdienst für die kleinen Gäste. Also kann ruhig die Kindergartengruppe anrücken. Leckere Kuchen und vor allen Dingen Grabower Schokoküsse – mit dem Zipfel – waren sehr beliebt. Abends

Straßenfeger

Für uns Kinder hat das DDR-Fernsehen einiges zu bieten: An erster Stelle steht natürlich „Unser Sandmännchen". Die berühmte Marionette Sandmännchen flimmert seit dem 22. November 1959 jeden Abend über den Bildschirm des DDR-Fernsehfunks. Seit Anfang der 80er Jahre wird jeden Samstag die Kinderserie „Das Spielhaus" mit Casimir, Schlabberplapper, Knollo, Defifè, Laribum, Kniffo, Masine und der Kleine ausgestrahlt. Sehr beliebt ist auch die Sendung „Brummkreisel" mit Achim und Kunibert, in der Bastel- und Maltipps für Kleinkinder gegeben und Turnübungen vorgeführt werden. Sportliche Wettkämpfe, moderiert von Adi, werden sonntags zwischen zehn und elf Uhr in der Sendung „Mach's mit, mach's nach, mach's besser" ausgetragen.
Im Westfernsehen interessierten uns vor allem die Sesamstraße, später auch Zeichentrickserien wie Tom und Jerry.
Für die Erwachsenen hält das DDR-Fernsehen in den 80er Jahren Serien wie „Geschichten übern Gartenzaun", „Polizeiruf 110", „Bei Hausers zu Hause", „Märkische Chronik" und Shows wie „Ein Kessel Buntes" bereit. Im umstrittenen „Schwarzen Kanal" werden montagabends Ausschnitte aus dem Westfernsehen gezeigt und von Karl-Eduard von Schnitzler, der als SED-Hardliner gilt, kommentiert. Und wer von unseren Eltern kennt nicht die erfolgreichsten Serien der achtziger Jahre aus dem Westfernsehen, die über die Mattscheibe flimmern? Dallas, der Dauerbrenner aus den USA, ist eine der beliebtesten Fernsehserien der achtziger Jahre. Am 30. Juni 1981 strahlt die ARD die erste Folge um Filmbösewicht J. R. Ewing aus. Der Seifenoper aus Texas folgt „Denver Clan", mit dem das ZDF ab dem 24. April 1983 die Zuschauer vor die Kiste lockt. Westdeutsche Serien locken das Publikum hingegen ins beschauliche Glottertal im Schwarzwald. „Die Schwarzwaldklinik", gesendet von 1985 bis 1989, ist das Pendant zur erfolgreichen tschechischen Serie „Das Krankenhaus am Rande der Stadt", die Jahre zuvor im DDR-Fernsehen gelaufen ist. Im Traum auf Reisen gehen Eltern und Großeltern mit einem Ozeanriesen, der den bezeichnenden Namen „Traumschiff" erhalten hat. Am 22. November 1981 startet das ZDF mit der Serie in loser Folge.

Einmal im Jahr Prinzessin oder Clown sein.

Jedes Jahr möglichst eine andere Verkleidung.

rutschten dann Halberstädter Würstchen und Buletten immer noch. Wir vergnügten uns bei Eierlauf, Topfschlagen, Sackhüpfen und vielen anderen Spielen.

Einen willkommenen Anlass zu feiern bot auch die Faschingszeit. Welches Kind verkleidete sich nicht gern und nutzte einmal nach Herzenslust Mutters Schminktöpfe?

Wir hatten Glück, dass unsere Muttis so gut nähen konnten. Jedes Jahr durften wir in eine andere Rolle schlüpfen, in einen Marienkäfer,

Erste eigene Kunstwerke.

Urlaub mit der Kindergartengruppe in Zinnowitz.

eine Prinzessin oder ein Schneeflöckchen, in einen Indianer, einen Trapper oder einen Clown. So herausgeputzt marschierten wir in den Kindergarten. Nachmittags wurde dann richtig zünftig gefeiert. An so einem Tag wollten wir möglichst spät von der Mama abgeholt werden.

Jedes Jahr fuhren wir mit der Kindergartengruppe für ein paar Tage an die Ostsee. Wir spielten bei schönem Wetter am Strand, malten gemeinsam, machten kleine Wanderungen und erholten uns prächtig. Heimweh bei so viel Abwechslung – keine Spur.

Hauptsache süß

Hauptsache süß, lautete die Devise beim Naschen.

Schlager-Süßtafel, Bambinaschokolade, Schokolade mit dem knackigen Puffreis, Othellokekse, Joker- und Fetzenriegel, Brockensplitter, Lakritzstangen, Brausepulver, Drops – so süß schmeckt unsere Kindheit. Und aufs Brot gibt es Nudossi und Vadossi. Der Honig wird aus einer Plasteflasche auf das Brötchen getröpfelt, die die Form eines Mischka-Bären hat. Besonders beliebt bei uns Kindern zum Nachtisch auch die Götterspeise „Alfons Zitterbacke" von Rotplombe. Hautsache süß ist die Devise.
Viele von uns haben trotz der unendlichen Vielfalt in nachwendlichen Zeiten gern einmal den Geschmack der Kindheit wieder auf der Zunge und naschen, natürlich heute figurbewusst, eine Bambina.

Hoch lebe der kleine Unterschied

Es gab ihn, den kleinen Unterschied zwischen Ost und West, selbst beim Rodeln. Wollten wir einen Hügel hinunterfahren, erklang der bescheidene Ruf „Bahn frei, Kartoffelbrei!". Und wie hieß das im anderen Teil Deutschlands: „Freie Bahn, Marzipan!". Na ja, nach Marzipan zu rufen wäre ja unrealistisch gewesen. Es gab ja meist nur „Persipan" mit dem aufdringlichen

Auf dem Schlitten in der weißen Pracht.

Geschmack nach Bittermandeln. Egal, wie der Schlachtruf auch war, zumindest lag damals auch für uns Flachlandtiroler genug Schnee unter den Kufen. Weiße Weihnachten konnten die Meteorologen guten Gewissens voraussagen. Auch in den Ebenen war es sinnvoll, zu Weihnachten einen Schlitten oder die ersten Skier zu schenken. Man konnte sich eben auf Frau Holle noch verlassen. Oder es gibt heute keine Goldmarie mehr, die der alten Dame im Himmel hilft, tüchtig die Betten auszuschütteln?

Wir bekamen von der weißen Pracht gar nicht genug, auch wenn Hände und Füße längst kalt waren. Immer wieder stapften wir

Nach dem Schlitten die Skier – Winterurlaub in der Hohen Tatra.

den kleinen Hügel hinauf und rutschten ihn hinunter, bis kein Schnee mehr auf ihm war. Ein richtiger Schneemann stand im Garten und begrüßte uns schon morgens auf dem Weg in den Kindergarten. Ab und zu war auch kollektives Rodeln angesagt. Dann zog uns Mama auf Kufen in die Tagesheimat.

Erinnerungsfoto mit dem Weihnachtsmann.

„Vorfreude, schönste Freude ...

... Freude im Advent." Wir Kinder freuten uns besonders auf einen Besuch auf dem Weihnachtsmarkt. Es dunkelte bereits und um die große, festlich erleuchte Tanne gruppierte sich ein buntes Gemisch aus Karussells und Marktbuden. Der Duft von Bratwürsten mischte sich mit dem von frisch gebackenen Waffeln, von Zuckerwatte und kandierten

Zu Weihnachten wurde im Kindergarten das Krippenspiel aufgeführt.

Äpfeln. Stimmungsvolle Adventsmusik wurde übertönt von der Rummelmusik der Karussells und dem Geschrei der Schausteller, doch hier ein Los zu kaufen oder sein Glück beim Werfen mit Ringen nach Blechbüchsen zu versuchen. Wir wollten fast alles gleichzeitig. Einige Runden in einem kleinen Feuerwehrauto oder der Bimmelbahn drehen, an einer Zuckerwatte knabbern, natürlich Lose kaufen, um den großen Teddy zu gewinnen. Die Enttäuschung über die meist gezogenen Nieten machte eine Fahrt mit den Eltern im Riesenrad wett: „Mami, nur noch eine Runde im Kettenkarussell", bettelten wir, „oder mit Papi im Autoskooter".

Und da war er mittendrin im aufgebauten Märchenwald: der Weihnachtsmann. Vielleicht konnte man bei ihm noch einen auf dem großen Wunschzettel vergessenen Weihnachtswunsch loswerden? Auf jeden Fall gingen wir mit dem Rotgewandeten mit dem langen weißen Bart schon mal auf Tuchfühlung für ein Erinnerungsfoto. Würde er sich an uns erinnern und am Heiligen Abend an unsere Tür klopfen?

Jungpioniere basteln nach Ideen aus der „ABC- Zeitung".

Rubriks Zauberwürfel

Der ungarische Bauingenieur und Architekt Emo Rubrik entwickelt ein Geduldsspiel, das sich besonders Anfang der achtziger Jahre großer Beliebtheit bei Kindern und Erwachsenen erfreut. Der bekannte Zauberwürfel wird 1980 mit dem Sonderpreis „Bestes Solitärspiel" der Jury „Spiel des Jahres" ausgezeichnet. Man kann mit dem drehbaren Würfel überall spielen. Es erfordert natürlich Geduld, den Würfel wieder in seine Grundstellung zu bringen, nachdem man zuvor die Seiten in eine beliebige Position gebracht hat. Für uns, die älteren und jüngeren Geschwister, ist der mehrfarbige Zauberwürfel ein beliebtes Spielzeug. Jemand hat ihn direkt aus Ungarn mitgebracht oder wir bekommen ihn von einem Freund geliehen und ab und zu gibt es ihn sogar in DDR-Geschäften zu kaufen.

Erste eigene Zeitung

Des Kindes liebstes Spielzeug, der Teddybär, schmückte das Titelblatt unserer ersten eigenen Zeitung. „Bummi" hieß das Blatt für uns Vorschulkinder. Im 14-Tage-Rhythmus kaufte Mami das Blatt am Zeitungskiosk, wenn sie eins ergattern konnte. Brummbär Bummis Geschichten, lehrreich, spannend, unterhaltend, wurden dann zu Hause vorgelesen. Mit Beginn der Schule löste „Die ABC-Zeitung" das Kinderheft ab, gefolgt von der „Frösi" (Fröhlich sein und singen). Vorrangig die Jungs liebten die Comic-Zeitschriften „MOSAIK" mit den Abrafaxen und „Atze". Die auflagestarken Kinderzeitungen wurden vom Verlag „Junge Welt" herausgegeben, der auch eine gleichnamige Tageszeitung für junge Leute unterhielt.

Ohne Märchen und Geschichten wird niemand groß

Märchenfilme und Märchenbücher sind auch aus unserer Kindheit nicht wegzudenken. Die DEFA verfilmte die bekanntesten Märchen, wie zum Beispiel „Die Geschichte vom kleinen Muck", „Das kalte Herz", oder sie kamen von unseren tschechischen Nachbarn, wie „Drei Haselnüsse für Aschenbrödel". Wir liebten unseren „Clown Ferdinand" und freuten uns auf „Sesamstraße", „Alf", „Flipper", „Biene Maja" oder die Geschichten vom sprechenden Pferd „Mister Ed" im Westfernsehen. Die Gute-Nacht-Geschichten hatten sich schon vor langer Zeit die Gebrüder Grimm, Hans Christian Andersen oder Wilhelm Hauff für ganze Generationen von Kindern ausgedacht. Der Kinderbuchverlag der DDR brachte jährlich wunderschöne Geschichten heraus, die uns zuerst vorgelesen wurden und die wir später selbst lasen. Eine Auswahl: „Bei der Feuerwehr wird der Kaffee kalt", „Bootsmann auf der Scholle", „Bummi und seine Abenteuer", „Kinder- und Hausmärchen der Gebrüder Grimm", „Die Schwalbenchristine", „Hirsch Heinrich", „Das Katzenhaus", „Kasperle im Kinderhaus" und sogar ein DDR-„Struwwelpeterbuch".

Legendäre Figur der DDR-Kinderliteratur ist Alfons Zitterbacke, den Gerhard Holtz-Baumert als Autor zum Leben erweckte. Ab 1986 gab es nach dem Film auch eine sechsteilige Fernsehreihe.

Langeweile, was ist das?

Wir hatten immer eine Idee für Spiele, ob draußen oder drinnen. Auf dem Hof, im Garten oder dem Gehweg wurde gerollert oder Olympiaden wurden mit dem kleinen Fahrrad ausgetragen. Unsere Bälle kamen zum Einsatz oder wir führten unsere Puppenkinder aus. Und wir spielten Gummihopse und Hüpfekästchen.

Die Jungen liebten Bausteine. Wer keine Westverwandtschaft hatte, die Lego schickte, musste sich mit PEBE-Bausteinen zufrieden geben. Nicht schlecht, nur gab es da keine Figuren. Und saisonal kam natürlich die elektrische Eisenbahn ins Geschäft, wie bei uns Mädchen Puppenstuben oder Kaufmannsläden.

Nie aus der Mode kommen Karten- und Brettspiele. Wir würfelten, kneteten, schnitten aus und klebten kleine Wunderwerke und mancher Junge fing schon an, sich als künftiger Hobbyhandwerker erste Sporen zu verdienen.

Viele Spiel- und Bastelanleitungen kamen auch aus den Kinderzeitungen.

Beliebte Kinderlektüre.

Domino

Schneidet die Dominokärtchen an den schwarzen Linien aus und verteilt sie an mindestens drei Mitspieler. Wer das Kärtchen mit den Farben Rot-Blau hat, legt es auf den Tisch, der nächste Spieler muß eins anlegen, das dieselbe Farbe aufweist. Nun muß ein Dominokärtchen angelegt werden, das einen Gegenstand zeigt. Aber beide Gegenstände müssen zusammenpassen, wie zum Beispiel: Sonne – Mond – Stern. Wer zuerst alle Dominokärtchen angelegt hat oder die wenigsten übrigbehält, ist Sieger.

Zeichnungen: URSULA ABRAMOWSKI

Domino-Spiel als Beilage der ABC-Zeitung.

1986-1989

Der Ernst des Lebens beginnt

Das 7. bis 10. Lebensjahr

Die schwere Schultüte zieren unsere Lieblinge Schnatterinchen und Pittiplatsch.

Hurra, ich bin ein Schulkind

Endlich war es so weit. Wir hatten die Schultauglichkeitsuntersuchung überstanden. Kein Problem. Die Farben kannten wir angehenden jungen Damen und Herren mit ausgeprägtem modischem Geschmack natürlich. Bis zehn zu zählen war Babykram. Und wir waren zum Glück gesund.

Eine neue Schultasche mit Büchern und Heften, Federmappe, Tuschkasten stand bereit nebst Brottasche und Turnbeutel.

Der große Tag konnte kommen. Schließlich wussten wir, dass unser erster Gang in die

Chronik

7. März 1986
Jugendradio DT64 eröffnet als eigenständiger Jugendsender sein Programm.

17. bis 21. April 1986
Der XI. Parteitag beschließt die Erhöhung der Kredite für junge Eltern, erhöht das Kindergeld und spricht sich für Preisstabilität aus.

23. April 1986
Die erste deutsch-deutsche Städtepartnerschaft entsteht zwischen dem östlichen Eisenhüttenstadt und dem westlichen Saarlouis.

26. April 1986
Es kommt zu einem ernsten atomaren Zwischenfall im Kernkraftwerk Tschernobyl in der Ukraine.

25. April 1986
Die Verwendung von so genannten Euroschecks als bargeldloses Zahlungsmittel wird zugelassen.

1. Januar 1987
Mit einem festlichen Konzert werden in Berlin die Feierlichkeiten zum 750-jährigen Bestehen von Berlin eröffnet.

17. Juli 1987
Die Todesstrafe wird in der DDR abgeschafft.

5./6. September 1987
Eine nicht offizielle Demonstration von Friedensgruppen in der DDR wird geduldet.

25. Februar 1988
Die UdSSR beginnt mit dem Abbau der Mittelstreckenraketen in der CSSR und der DDR.

17. September bis 2. Oktober 1988
In Seoul finden die XXIV. Sommerspiele statt. Die DDR belegt mit 37 Goldmedaillen, 35 in Silber und 30 in Bronze den zweiten Platz in der Länderwertung.

4. Juni 1989
Die Kommunistische Partei in China beendet in Peking auf dem „Platz des Himmlischen Friedens" eine Demonstration mit einem blutigen Massaker.

9. November 1989
Die Berliner Mauer fällt und die Grenzen zwischen beiden deutschen Staaten werden geöffnet.

Schule mit Zuckertüten versüßt wurde. So waren in den Zuckertüten nebst Süßigkeiten Praktisches für die Schule, wie Stifte, ein Malkasten, vielleicht sogar ein echter Pelikan-Füller aus dem Westen, ein kleines Spiel. Aber mit unseren Füllern der Marke „Heiko" lernten wir auch schreiben. Manchmal schaute ein Plüschtier aus der Tüllverzierung der Tüte. Eltern, Großeltern, Verwandte begleiteten uns auf dem ersten Weg zur Schule. Uns hatte man erzählt, dass nach den Feierlichkeiten der Ernst des Lebens kommen sollte. Wie der wohl aussah?

Ohne Fleiß kein Preis

Unser leerer Stundenplan füllte sich schon am ersten Tag des regulären Schulunterrichts. Lesen und Schreiben wechselten mit Heimatkunde, Mathematik, Werkunterricht, Kunsterziehung, Musik und Sport. Unsere Schule hatte einen Schulgarten, in dem wir lernten

Viel Platz im Stundenplan, um ihn mit unseren Fächern zu füllen.

zu säen, zu jäten, mit Rechen und Harke umzugehen. Man soll nicht glauben, dass wir Kinder, die einen eigenen Garten oder Schrebergarten besaßen, in diesem Fall einen „Heimvorteil" hatten. Zuhause hatten wir uns bei angesagter Gartenarbeit immer weitgehend unsichtbar gemacht.

Auf dem Weg zur Schule begleitete uns in den ersten Tagen meist eine Mutti oder Oma. Dieser Gang war täglich gepflastert mit Ermahnungen. „Nicht bummeln!", „Wenn man eine Straße überquert, erst links, dann rechts und noch mal links sehen." Das hatten wir doch alles schon im Kindergarten gelernt, wie auch „Bei Rot bleibst du stehen, bei Grün darfst du gehen."

Die Zeugnisse wurden ordentlich in einem dafür vorgesehenen Buch gesammelt.

Mama, Oma, Mimi, Nina konnten wir ABC-Schützen schon bald lesen und schreiben und wussten auch, wenn zu drei Äpfeln zwei dazukommen, dass dann fünf auf dem Teller liegen. Wird einer gegessen, dann sind es nur noch vier.

Erinnert euch! Für die lebhaften unter uns war wohl das Gewöhnungsbedürftigste, immer 45 Minuten still zu sitzen, nicht zu schwatzen und nur zu sprechen, wenn man sich vorher gemeldet hatte und dann auch drangenommen wurde. Unseren Drang zu plappern und uns zu bewegen, lebten wir dann in den Hofpausen und nach der Schule umso mehr aus.

Pluspunkte für gesellschaftliche Arbeit

Unsere Lehrer liebten es, wenn wir uns freiwillig meldeten, um zusätzliche Aufgaben zu übernehmen. Denn jeder von uns lernte schnell, dass nicht nur sicheres Rechnen und flüssiges Lesen einen guten Schüler auszeichnen, sondern dass auch gesellschaftliche Arbeit hoch im Kurs stand.

Es gab den Milchdienst, der den Viertelliter des Pausengetränks an seine Mitschüler austeilte. Längst waren die Milchflaschen von kleinen Tetra-Packs abgelöst worden. Die Berliner Schnauze nannte sie ob ihres eckigen Aussehens deshalb Picassoeuter.

Wer Ordnungsdienst hatte, musste dafür sorgen, dass die Tafel sauber gewischt, der Tafelschwamm nass war und genügend Kreide für die nächste Unterrichtsstunde bereitlag. Der Blumendienst sorgte dafür, dass die Grünpflanzen im Klassenraum nicht verdursteten.

Einige größere Schüler betätigten sich vor und nach der Schule als Schülerlotsen. Hilfspolizisten gleich, mit entsprechender Uniform ausgestattet, geleiteten sie die Kleinen über den Fahrdamm.

Und dann die verschiedenen Funktionen in der Pionierorganisation. Doch dazu mussten wir Erstklässler erst einmal feierlich aufgenommen werden.

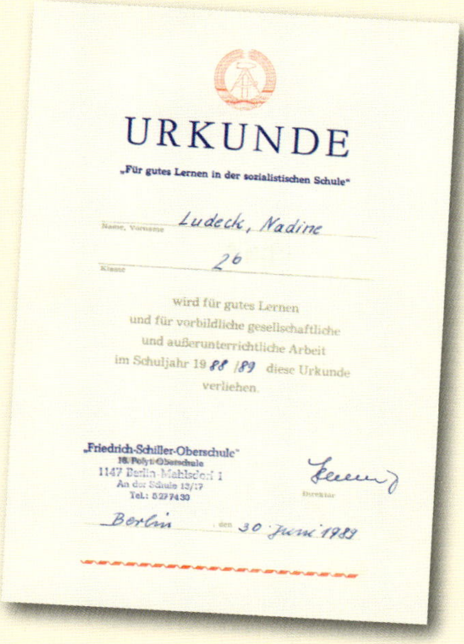
URKUNDE

„Für gutes Lernen in der sozialistischen Schule“

Name, Vorname: Ludeck, Nadine

Klasse: 2b

wird für gutes Lernen
und für vorbildliche gesellschaftliche
und außerunterrichtliche Arbeit
im Schuljahr 1988/89 diese Urkunde
verliehen.

„Friedrich-Schiller-Oberschule“
18. Polyt. Oberschule
1147 Berlin-Mahlsdorf 1
An der Schule 13/17
Tel.: 5277430

Direktor

Berlin, den 30. Juni 1989

Urkunde für gutes Lernen
und gute gesellschaftliche Arbeit.

Der erste Ausweis

Fast alle Schulkinder sind vom ersten bis zum achten Schuljahr Mitglied der Pionierorganisation „Ernst Thälmann", die bereits 1948 gegründet worden ist.
Meist zum Pioniergeburtstag am 13. Dezember werden die Erstklässler in die Kinderorganisation aufgenommen. Man bekommt einen Pionierausweis mit den Geboten der Jungpioniere und das blaue Halstuch, das zu Fahnenappellen, Gruppennachmittagen und festlichen Anlässen getragen werden muss. Sind es noch 1949 nur etwa 30 Prozent der Schüler, die der Pionierorganisation angehören, kann sich die DDR in den achtziger Jahren rühmen, zirka 89 Prozent der Schulkinder in der politischen Massenorganisation zu vereinen. Von der ersten bis zur dritten Klasse sind die Jungpioniere mit dem äußeren Markenzeichen des blauen Halstuches gekennzeichnet, von der vierten bis zur achten Klasse nennen sie sich Thälmannpioniere und tragen ein rotes Halstuch. In jeder Klasse gibt es einen Gruppenrat und als übergeordnetes Gremium kann man in den Freundschaftsrat gewählt werden.

Symbol der Pionierorganisation.

Haben Sie nicht noch Altpapier …

… Flaschen, Gläser …? Dieses Pionierlied beschreibt eine besondere Aktivität von uns Kindern. Mit einem Handwagen oder einem ausgedienten Puppenwagen bewaffnet gingen wir von Haus zu Haus, klingelten und fragten nach Flaschen, Gläsern, Papier und Lumpen. Diese Sekundärrohstoffe waren in der DDR sehr gefragt. Bei der SERO-Sammelstelle wurden die Gläser gezählt, Papier und Lumpen gewogen und wir bekamen Geld für unsere Fracht. Mit dieser Aktion konnten wir unser Taschengeld aufbessern. Häufig aber gab es diesen Sammelauftrag von der Pionierorganisation, um unsere Pionierkasse für einen geplanten Ausflug oder ein Fest zu füllen oder in die anderen Bruderstaaten zu spenden. Dann wurde ein Wettbewerb ausgeschrieben, um den besten Sammler der Klasse zu küren. Damals waren wir richtig ehrgeizig und wollten zu den besten Pionieren gehören.

Schlüssel- und Hortkinder

Nach der Schule teilten wir uns in drei Gruppen. Wenige von uns gingen nach Hause, weil die meisten Mütter arbeiteten. War die Mutter allerdings Hausfrau, dann wartete sie meist schon mit dem Mittagessen. Das hieß für uns, möglichst nicht zu bummeln, keinen Abstecher zum Bäcker oder in den Konsum zu machen, weil dann die warme Mahlzeit nicht mehr rutschen würde. Unsere Hausaufgaben machten wir zu Hause.

Die zweite Gruppe waren die Schlüsselkinder. Verhältnismäßig gesichert vor dem Verlieren, trugen sie einen Hausschlüssel um den Hals und gingen nach der Schule ebenfalls nach Hause. Meist hatten sie mit der dritten Gruppe, den Hortkindern, zuvor an der Schulspeisung teilgenommen. Das war wirklich kein Gourmetessen. Es wurde meist in Kübeln von einer zentralen Küche angeliefert und stand schon eine ganze Weile vor

Wir Pioniere wurden zum Sammeln von Sekundärrohstoffen aufgefordert.

Erinnerungsfoto an die Grundschulklasse.

der Mittagszeit auf dem Hof. Nudeln bissfest – weit gefehlt. Sie waren dem Kartoffelbrei täuschend ähnlich und darüber kam eine Kelle Tomatensoße, bei der nicht die Tomaten, sondern das Mehl die Oberhand behielt. An Vitaminen gab es ab und zu zum Nachtisch einen Apfel, alles Weitere an gesunder Kost blieb den Familien überlassen. Aber dafür war das Schulessen sehr preiswert und jeder wurde satt.

Die Hortkinder erledigten am Nachmittag gemeinsam ihre Hausaufgaben und spielten auch zusammen auf dem Schulhof, bis ein Elternteil sie abholte oder sie später, mit erster Uhr am Handgelenk, allein nach Hause gehen konnten.

Die neu gebauten Schulen hatten extra Horträume, die sich von den Klassenzimmern deutlich unterschieden und sogar mit Spielen für die Freizeit ausgestattet waren. Auf dem Schulhof standen in einer oft begrünten Ecke ein Klettergerüst, eine Schaukel und ein Buddelkasten, die den Hortkindern zur Verfügung standen.

Teure Wünsche

120 Ostmark kosteten die Vorläufer der beliebten Gameboys, so genannte Telespiele. Unsere Plattenspieler waren schon weitgehend von Kassettenrekordern abgelöst worden, aber der wirkliche Hit war ein Walkman. Für unsere Generation war es einfach in, mit einem tragbaren Abspielgerät durch die Gegend zu laufen und sich die damaligen Hits direkt in die Ohren dröhnen zu lassen. Und weitere Vorteile lagen auf der Hand. Wie sollte man mit Kopfhörern auf den Ohren die dritte Mahnung von Mutti zum Aufräumen des Kinderzimmers hören?

Der erste, von der Firma Sony entwickelte, Walkman kam bereits im Juli 1979 auf den Markt. Aber für uns DDR-Kinder war es auch in den achtziger Jahren noch eine Rarität, das Kultobjekt zu ergattern. Und wer einen besaß, musste in unserer Währung viel Geld hinblättern oder er hatte Westverwandtschaft, die ihn zum Geburtstag oder zu Weihnachten schenkte.

Schnuffi, Bello, Moppel und Co.

Für die Landkinder unter uns waren Haustiere eine Selbstverständlichkeit. Hatte doch jedes Tier auf dem Hof seine Funktion. Die Kuh gab Milch, Hofhund Bello bewachte das Gehöft, die Katzen fingen in Scheune und Ställen Mäuse und Schweine und Kaninchen – reden wir nicht darüber.

Wir Stadtkinder wollten wenigstens einen vierbeinigen Gefährten. Dafür versprachen wir unseren Eltern das Blaue vom Himmel herunter. Mit dem Hund würden wir täglich Gassi gehen, das Katzenklo säubern und die Mieze natürlich selbst mit Futter versorgen. Kaninchen und Meerschweinchen würde es weder an frischem Stroh noch an Möhrchen mangeln. Oh, wir konnten in unserem Wunsch zäh sein und mit unserer Bettelei den Eltern in den Ohren liegen.

Endlich hatten wir uns ein Kaninchen oder ein Meerschweinchen erkämpft, bekam Vati sofort den Bauauftrag für einen geräumigen Stall. In den ersten Wochen nahmen wir es mit Säuberung und Fütterung sehr ernst, dann musste Mutti uns doch schon öfter mahnen und manchmal auch die Fellkinder schließlich selbst versorgen. Aber wenn unsere Spielkameraden kamen, die zu Hause bei ihren Eltern mit einem Tierwunsch auf taube Ohren gestoßen waren, dann zeigten wir uns ganz als stolze Besitzer und hätten nie zugegeben, dass unser Versprechen zur Rundumversorgung der vierbeinigen Freunde sich doch nicht so leicht umsetzen ließ.

Meerschweinchen Susi ließ sich gern streicheln.

Zwei Seiten einer Medaille

Anlässlich der 750-Jahr-Feier in Berlin 1987 lässt es die DDR-Partei- und Staatsführung richtig krachen. Ein zehn Kilometer langer Festumzug zieht durch die City Ostberlins. Wichtige kulturhistorische Gebäude werden nach umfangreichen Bau- bzw. Restaurierungsmaßnahmen feierlich eröffnet: Am 9. Januar das Bode-Museum, am 29. Juli nach siebenjähriger Bauzeit der Französische Dom am Platz der Akademie (heute Gendarmenmarkt) und Berlins ältestes Bauwerk, die Nikolaikirche, am 14. Mai. Der umgebaute Ostbahnhof wird fertig gestellt und in Hauptbahnhof umbenannt. Honecker schafft sich an exponierter Stelle – Friedrichstraße/ Unter den Linden – seine Vorzeige-Nobelherberge, das Grand-Hotel.

Neben der Jubelseite der Medaille gibt es abe auch zahlreiche kritische Stimmen zu mehr Fre heit und Selbstbestimmung. Im Juni kommt es zı Auseinandersetzungen zwischen Polizei unc Jugendlichen, als diese, aufgeheizt durch ein Rockkonzert im grenznahen Tiergarten, in Sprechchören fordern: „Die Mauer muss weg." Ebenfalls im Juni fordert der amerikanische Präsident Ronald Reagan in seiner legendären Rede vor dem Brandenburger Tor Parteichef Gorbatschow auf, die Mauer einzureißen. Am 16. November treffen sich zirka 700 Menschen in der Gethsemanekirche zum „Dialog zur Mündigkeit des Staatsbürgers". Die eingeladenen Vertreter von Staat und Partei bleiben der Veranstaltung fern.

DDR-Gedenkmünzen zur 750- Jahr- Feier Berlin.

Leere Stühle

„Wir schreiben uns ganz viel und ganz oft." So lauteten beiderseitige Versprechen mit vielen Tränen. Wir verstanden nicht, warum wir Freunde uns nur wegen eines Ortswechsels nicht mehr besuchen konnten. Die Mauer trennte nun einmal Freunde, Verwandte, Bekannte. Zum Schuljahresbeginn blieben besonders in den Jahren 1988/89 Stühle leer. Die Lehrerin sprach von Republikflucht, von Menschen, die das Leben in der Deutschen Demokratischen Republik gegen ein neues in der Bundesrepublik Deutschland getauscht hätten. Sie hatten für uns, zumindest von Staats wegen, erledigt zu sein. Wir hatten Pioniere zu sein und eines der Pioniergebote sagte ja schließlich, dass wir unsere Heimat lieben sollten. Der Unterricht ging weiter. Die Schüler wurden aus dem Klassenbuch gestrichen und es wurde auch nicht mehr über sie gesprochen. Viele Fragen konnten erst zu Hause beantwortet werden, noch leider nur zu Hause.

Ferienlager

Wie haben wir immer auf die Sommerferien gewartet. Zwar kam vorher die Zeugnisverteilung, bevor wir den langen Sommer genießen konnten. Erst fuhren wir vierzehn Tage mit den Eltern in den Urlaub, meist obligatorisch an die Ostsee. Dann durften wir Kinder noch ins Ferienlager. Und schließlich ging es noch zu Oma und Opa, denn unsere Eltern mussten wieder in den Betrieb und die Schulferien waren lang.

Unter Gleichaltrigen die Freizeit zu verbringen war schön. Wir schlossen beim Baden, bei gemeinsamen Wanderungen und bei Sportspielen neue Freundschaften. Das Essen, oft dem der Schulspeisung ähnlich, schmeckte zwar mäßig, aber schließlich machte die viele Bewegung an der frischen Luft hungrig, und in der großen Gemeinschaft aß es sich nun einmal besser. Sogar zu Zeiten, in denen wir zu Hause längst ins Bett geschickt worden waren, war im Ferienlager noch etwas los. Wir machten Nachtwanderungen oder saßen manchmal lange ums Lagerfeuer. Und wir wussten schon, womit der erste Schultag wieder eingeleitet wurde – mit dem obligatorischen Aufsatz „Mein schönstes Ferienerlebnis".

Neue Freundinnen im Ferienlager.

Zeichnungen aus dem Ferienlager.

1989 – ein Jahr, das die Welt bewegte

Berlin tanzt nach dem Mauerfall vorm Brandenburger Tor.

Am 2. Mai 1989 beginnt die Volksrepublik Ungarn damit, die Grenzen zu Österreich abzubauen. Viele DDR-Bürger versuchen, über Ungarn in den Westen zu flüchten.

Gleichzeitig werden die Botschaften der Bundesrepublik in den östlichen Metropolen wie Prag, Warschau, Budapest und die Ständige Vertretung der BRD in Ostberlin von Ausreisewilligen förmlich überrannt und müssen wegen Überfüllung schließen. Die DDR schließt die Grenzen zu Polen und der CSSR. Am 23. August dürfen die Flüchtenden in Budapest und am 30. September in Prag und Warschau in den Westen ausreisen. Ungarn lässt im September zirka 30 000 Menschen in die Bundesrepublik ausreisen. Seit dem 3. November dürfen DDR-Bürger wieder ohne besondere Formalitäten in die CSSR. Im Inland machen die DDR-Bürger immer mehr Druck auf die Partei- und Staatsführung. Seit dem 4. September finden in Leipzig wöchentlich nach dem Friedensgebet die berühmten Montagsdemonstrationen statt. Am 9. Oktober skandieren in der Messestadt 70 000 Teilnehmer „Wir sind das Volk". Unter dem Druck der Bevölkerung tritt Erich Honecker am 18. Oktober von allen Ämtern zurück, Nachfolger wird Egon Krenz. Zur größten Demonstration kommt es am 4. November. Auf dem Berliner Alexanderplatz finden sich eine Million Teilnehmer ein, um für Freiheit und Demokratie zu demonstrieren. Am 7. November treten Regierung und Politbüro der DDR zurück. Und am 9. November verkündet Politbüromitglied Günter Schabowski vor laufenden Kameras, dass ab sofort ins Ausland ohne vorliegende Gründe gereist werden dürfe. Die von der Nachricht völlig überrumpelten Grenzsoldaten öffnen die Mauer und tausende DDR-Bürger strömen in den Westen.

Die Ostdeutschen im Trabant werden am Grenzübergang fröhlich begrüßt.

Die Nacht, in der kaum einer schlief

Die Mauer offen – unsere Eltern glaubten, sich verhört zu haben. So ungeheuerlich war diese Nachricht am frühen Abend des 9. November 1989, dass man sie kaum glauben konnte. Hatte doch Parteichef Erich Honecker noch vor gar nicht allzu langer Zeit getönt: „Die Mauer steht noch einhundert Jahre." Wer das Glück hatte, in Berlin oder nahe der Grenze zu wohnen, fuhr los – mit Kind und Kegel.

Für uns Kinder war es ein bisschen wie Silvester. Böller knallten, fremde Leute lagen sich in den Armen, der Sekt wurde gleich aus Flaschen getrunken, große westliche Handelsketten verschenkten an uns DDRler Schokolade, Kaffee, Zigaretten. Wir kamen nach Hause wie nach einem Beutezug.

Eine Barbie für eigenes Westgeld

Jetzt hatten wir Kinder durch das Begrüßungsgeld sogar eigenes Westgeld in der Hand. Die Wunschliste der Dinge, die wir damit im Westen gern kaufen würden, war zu lang, also mussten Prioritäten gesetzt werden. Bei den Jungen standen Matchboxautos

Barbie und Ken, das Traumpaar.

und Lego ganz oben auf der Wunschliste. Sehnlichster Traum vieler Mädchen war die bekannteste und meistgekaufte Puppe der Welt, das Supermodel mit den Idealmaßen und den endlos langen Beinen: eine Barbie. Accessoires und weitere Garderobe für die Schöne konnten später dazuerworben werden. Schließlich besaß sicher fast jedes Mädchen im westlichen Teil Deutschlands seine Barbie nebst Garderobe für alle möglichen Anlässe. Die lange blonde Mähne verführte zum Kämmen und Ausprobieren modischer Haartrends. Natürlich musste, wie beim spielenden Kind, die wallende Mähne auch öfter gewaschen, gefönt, eingelegt werden. Barbies Schönheit verschwand nach dem Waschen. Auch ein Versuch, die Haare zu färben, konnte das Malheur nicht kaschieren. Barbie bekam einen sehr praktischen Kurzhaarschnitt und war bald vergessen.

Schlange stehen fürs Begrüßungsgeld

Endlich Westgeld: Großer Andrang in und vor den Ausgabestellen des Begrüßungsgeldes.

Das Begrüßungsgeld für Besucher aus der DDR im Westen Deutschlands wird bereits 1970 eingeführt, um die Einreisebedingungen der Besucher aus der DDR, vorrangig Rentner, zu verbessern. Es beträgt zu dieser Zeit 30 DM und kann zweimal jährlich in Anspruch genommen werden. 1988 wird es auf 100 DM jährlich erhöht. Nach dem 9. November 1989 gibt es wohl kaum einen DDR-Bürger, der sich nach dem Mauerfall nicht sein so genanntes Begrüßungsgeld abholt. So kommt es direkt nach dem Mauerfall zu chaotischen Szenen vor den Auszahlungsstellen. Bis zu 10 000 Menschen warten in Schlangen vor den Sparkassen in Westberlin. Die Auszahlung erfolgt durch die Banken und Sparkassen, die in den Tagen nach der Maueröffnung sogar während der Nacht geöffnet haben. Bis zum 20. November haben bereits zirka elf Millionen DDR-Bürger den Westen besucht und ihr Begrüßungsgeld abgeholt. Drei Wochen nach Maueröffnung sind es bereits 18 Millionen Besucher. Am 31. Dezember 1989 wird die Aktion wieder eingestellt. Die Gesamtsumme des zwischen dem 9. November und dem 31. Dezember 1989 ausgezahlten Begrüßungsgeldes beziffert sich auf 1,8 Milliarden DM.

1990–1993

Aus Ossis werden Wossis

Das 11. bis 14. Lebensjahr

Neue Reisefreiheit

Ostsee ade! Mittelmeer, Adria, wir kommen! Statt gen Norden zur geliebten Ostsee oder in die ehemaligen östlichen Bruderstaaten, tuckerten wir Neu-Bundesbürger jetzt lieber gen Süden. Mit dem Auto, dem Bus, dem Flugzeug wurden die Mittelmeerländer erobert. Ein Urlaub mit Sonnengarantie und warmem Meerwasser zum Baden, das war schon lange ein Wunschtraum. Nun wurde er endlich Wirklichkeit. In die rollenden Blechlawinen auf den Autobahnen mischten sich jetzt zwischen westliche Edelkarossen auch „Westwagen" mit Ostkennzeichen, meist ältere Modelle. Aber auch Trabis, Ladas, Wartburgs wagten den langen Trip in Länder, in denen die Zitronen blühen. Hatten die Ostautos sich doch zu vorwendlichen Zeiten in ganz anderen Abenteuern als fernverkehrs-

Traumurlaub in der Türkei.

Chronik

15. Januar 1990
Aufgebrachte Demonstranten stürmen die Zentrale des ehemaligen Ministeriums für Staatssicherheit in der Berliner Normannenstraße.

7. Februar 1990
„Neues Forum", „Demokratie jetzt" und „Initiative für Menschenrechte" schließen sich zum „Bündnis 90" zusammen.

8. Juli 1990
Die deutsche Nationalelf holt sich bei der WM in Italien ihren dritten Weltmeister-Titel.

22. Juli 1990
Die 1952 durch Bezirkseinteilungen ersetzten Länder werden wieder eingeführt: Mecklenburg-Vorpommern, Brandenburg, Sachsen, Sachsen-Anhalt und Thüringen sind die neuen Bundesländer.

3. Oktober 1990
Tag der Deutschen Einheit. Mit dem Beitritt der DDR zur BRD wird die Wiedervereinigung Deutschlands Realität. Am 3. Oktober wird erstmals die Flagge der Einheit vor dem Reichstag hochgezogen.

17. Januar 1991
33 Staaten beginnen im internationalen Militärbündnis unter Führung der USA mit dem Angriff auf den Irak. Ziel ist die Befreiung Kuwaits. Der Irak kapituliert.

30. April 1991
Nach 28 Produktionsjahren rollt der letzte Trabant in Zwickau vom Band.

31. Dezember 1991
Das DDR-Fernsehen stellt seinen Betrieb ein. Ein Stück Fernsehgeschichte ist damit beendet.

8. Februar bis 23. Februar 1992
Die XVI. Olympischen Winterspiele finden in Albertville/Frankreich statt.

25. Juli bis 9. August 1992
Die XVI. Olympischen Sommerspiele finden in Barcelona/Spanien statt.

1. Januar 1993
Die CSSR spaltet sich in die souveränen Republiken Tschechien und Slowakei.

20. Januar 1993
Zum neuen Präsidenten der USA wird der Demokrat Bill Clinton gewählt.

Familienstolz – die erste Westfamilienkutsche noch mit DDR-Kennzeichen.

tauglich erwiesen. Mit unseren fahrbaren Untersätzen hatten wir uns früher über Gebirgspässe der Hohen Tatra und der Rhodopen gequält und uns tausende Kilometer bis an die Goldstrände Bulgariens oder an den Balaton in Ungarn gewagt.

Wir Zehn- und Elfjährigen liebten die südlichen Reiseziele für ihr herrlich warmes Meerwasser oder die großen Poollandschaften in den Hotelanlagen. Die teilweise vollen Strände störten uns nicht. Wir schwärmten vom

Ein Kamelritt wie in Hauffs Märchen.

Aber auch zuhause im Garten war es schön.

leckeren Gelato in den verschiedensten Sorten. Und Spaghetti mit Tomatensoße kann man zur Not sogar vierzehn Tage hintereinander essen. Die Kinder aus dem Süden demonstrierten unseren Eltern, dass man nicht mit den Hühnern ins Bett geht, sondern dann erst zu Abend isst.

Weniger interessiert waren wir allerdings an Ausflügen zu Ruinen, von denen unsere Eltern behaupteten, dass es berühmte Sehenswürdigkeiten seien und wir das für den künftigen Geschichtsunterricht wissen müssten. Ein wenig Bildung im Urlaub schadet nicht, war ihre Devise.

Manche Familien hielten mehr davon, zunächst nahe und ferne Verwandte in westlichen Bundesländern „heimzusuchen". Was machte es, dass sie im Ruhrpott wohnten und außer den obligaten Feiertagsgrüßen vor der Wende kaum ein Kontakt bestand. Man feierte Familienzusammenführung und stand mit Kind und Kegel bei den lieben Angehörigen zur privaten Wiedervereinigung auf der Matte. Nach einer Woche Belagerungszustand seitens der einkaufswütigen Ossis mag sich manche Freude über die neue Verwandtschaft auf beiden Seiten ein wenig abgekühlt haben.

Der Beginn der Wiedervereinigung

Am 18. März 1990 gewinnt die „Allianz für Deutschland" die ersten freien Wahlen zur Volkskammer der DDR. Sie besteht aus der CDU, der DSU (Deutsche Soziale Union und der DA (Demokratischer Aufbau). Lothar de Maizière bildet eine Koalition zwischen CDU, DSU, DA, SPD und FDP. Die demokratisch gewählte Regierung nimmt Verhandlungen über die Wiedervereinigung auf. Am 21. Juni wird von beiden deutschen Parlamenten ein Staatsvertrag zur Wirtschafts-, Währungs- und Sozialunion verabschiedet. Am 3. Oktober 1990 tritt die DDR der Bundesrepublik bei. Die DDR hat aufgehört zu existieren.
Der Staatsvertrag über Wirtschafts- und Sozialunion tritt bereits am 1. Juli 1990 in Kraft. Die DDR-Mark wird ungültig. Für Sparguthaben bekommt jeder, nach Lebensalter gestaffelt, zwischen 2000 und 6000 DDR-Mark zum Kurs von 1:1 in Westmark umgetauscht. Beträge, die über die festgelegte Summe hinausgehen, werden 1:2 umgestellt.

Sportlicher Zugewinn

Unsere kleine DDR war eine große Sportnation. Das ist hinlänglich bekannt. Kaum ein Kind, das nicht in seiner Freizeit eine Sportart ausübte. Natürlich war es unser Traum als Mädchen, Ballett zu tanzen, schon wegen der schönen Kostüme. Wir probierten es aus. Entsprach es nicht unseren Vorstellungen oder wir nicht den Ansprüchen, die die Sportart an uns stellte, dann wurde etwas anderes anvisiert. Den Freizeitsport für die Kinder konnte sich jede Familie leisten. DDR-Sportfunktionären entging kein Talent, das einmal die Chance haben würde, auf einem Treppchen bei einer Weltmeisterschaft oder der Olympiade zu landen. Ganz früh wurden Talente förmlich ausgesiebt.

Zu den XVI. Olympischen Sommerspielen, die vom 25. Juli bis zum 9. August 1992 in Barcelona/Spanien stattfanden, waren die ehemaligen DDR-Sportler für die gesamtdeutsche

Unsere Eisprinzessin: Katarina Witt.

Mannschaft ein echter Zugewinn. Deutschland belegte mit 82 Medaillen, 33 in Gold, 21 in Silber und 28 in Bronze, den dritten Platz in der Gesamtwertung. Allein in den zwölf ausgetragenen Kanuwettbewerben nahmen die deutschen Starter die Hälfte der Goldmedaillen mit nach Hause.

Vergoldet, teils mehrfach, wurden unter anderem Birgit Schmidt (Fischer) aus Potsdam, Andreas Tews aus Schwerin, Jens Lehmann aus Leipzig, Dagmar Hase aus Magdeburg, Heike Drechsler aus Gera …

Und eine der erfolgreichsten Sportlerinnen unserer Jugend war die Eiskunstläuferin Katarina Witt. Die Chemnitzerin gewann 1983 ihre erste Goldmedaille bei einer Europameisterschaft. Den Erfolg konnte sie von 1984 bis 1988 fünfmal wiederholen. Den Weltmeistertitel erkämpfte sie mühelos von 1984 bis 1988 und ihre Karriere wurde auch noch bei den Olympischen Spielen 1984 und 1988 vergoldet.

1994 gelang ihr in einer sportlichen Meisterleistung durch „Reamateurisierung" die Nominierung zu den Olympischen Spielen, bei denen sie mit dem 7. Platz einen Achtungserfolg erzielte.

Englisch statt Russisch

Unser Jahrgang hatte Glück. Die Wende kam genau zum richtigen Zeitpunkt. Wir mussten uns kein Jahr mehr mit Russisch quälen, sondern Englisch stand als erste Fremdsprache ab der 5. Klasse auf unserem Stundenplan. Das Fach Staatsbürgerkunde war bereits gestrichen. Das neue Wort dafür war Gesellschaftskunde. Ebenso gestrichen wurden Werken, Unterrichtstag in der Produktion und Einführung in die sozialistische Produktion. Wer in die Sterne schauen wollte, musste dies künftig in seiner Freizeit tun. Denn das Fach Astronomie stand auf keinem Lehrplan mehr. Hatte die Sternenkunde in fortgeschrittenem Alter zu sehr zu paarweisen Hausaufgaben im Dunkeln angeregt?

Wir hätten beim Übergang von der Unterstufe (jetzt Grundschule) in die fortführende Zehnklassige Allgemeinbildende Polytechnische Oberschule sowieso neue Unterrichtsfächer bekommen. Nur, dass unsere Schule jetzt stattdessen Gesamtschule, Realschule oder Hauptschule hieß und aus der Erweiterten Oberschule ein Gymnasium wurde.

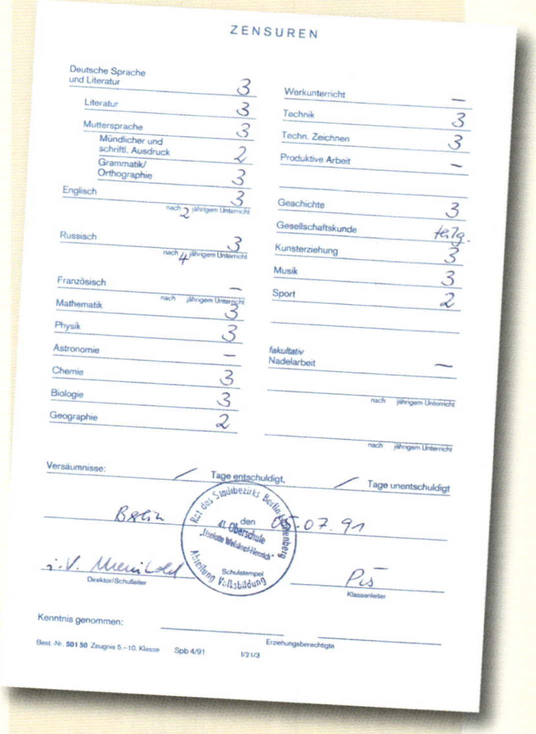

ZENSUREN

Deutsche Sprache und Literatur	3	Werkunterricht	–
Literatur	3	Technik	3
Muttersprache	3	Techn. Zeichnen	3
Mündlicher und schriftl. Ausdruck	2	Produktive Arbeit	–
Grammatik/ Orthographie	3		
Englisch (nach 2 jährigem Unterricht)	3	Geschichte	3
		Gesellschaftskunde	teilg.
Russisch (nach 4 jährigem Unterricht)	3	Kunsterziehung	3
		Musik	3
Französisch (nach jährigem Unterricht)	–	Sport	2
Mathematik	3		
Physik	3		
Astronomie	–	fakultativ Nadelarbeit	–
Chemie	3	(nach jährigem Unterricht)	
Biologie	3		
Geographie	2	(nach jährigem Unterricht)	

Versäumnisse: – Tage entschuldigt, – Tage unentschuldigt

Berlin, den 05.07.91

i.V. Direktor/Schulleiter — Schulstempel — Klassenleiter

Kenntnis genommen: Erziehungsberechtigte

Best.-Nr. 501 50 Zeugnis 5.–10. Klasse Spb 4/91 V/21/3

Zeugnis mit neuen Fächern.

Der Sozialismus hatte sich in unseren kleinen Köpfen noch nicht allzu sehr verfestigt. Wir waren nun eben keine Pioniere mehr und der Wechsel vom Jungpionier zum Thälmannpionier fiel aus. Das Halstuch verschwand im hintersten Winkel einer Schublade.

Für unsere Lehrer muss das Ganze schon schwieriger gewesen sein. Die DDR-Lehrpläne waren außer Kraft gesetzt, statt einheitlicher Bildungsinhalte für das ganze Land herrschte jetzt erst Chaos, dann Länderhoheit. Sie waren quasi wie in der Nachkriegszeit Neulehrer, mit neuen Lebensperspektiven, aber auch Ängsten. Was wurde aus den Russisch- und Staatsbürgerkundelehrern, was aus den Pionierleitern?

Doch nicht nur die Lehrer saßen quasi selbst auf der Schulbank. Unsere Eltern mussten auch umdenken. Statt Plan- nun Marktwirtschaft, statt VEB eine GmbH, statt elektrischer Schreibmaschine Computerarbeit ...Weiterbildung und Umschulung waren für die Großen angesagt, und so kam es nicht selten vor, dass alle in der Familie büffelten.

Der Gameboy
– beliebtestes Spielzeug unserer Generation.

Inlineskates und Gameboys

Waren unsere Eltern noch kräftig mit Rollschuhen übers Pflaster gefegt, sausten wir mit Inlineskates durch die Gegend. Während die Rollschuhe vier wie beim Auto angeordnete Rollen besaßen, die an die Schuhe geschnallt wurden, waren unsere Inlineskates Schuhe mit einer festen Schiene, an der wiederum Rollen in einer Linie aufgereiht waren. Auf Inlineskates konnten wir uns teilweise schneller fortbewegen als ein Auto im Berufsverkehr. Da wir mit den Skates an den Füßen eine hohe Geschwindigkeit erreichten, und sie auch über keine Handbremse verfügten, trugen wir dazu Knieschützer, Schützer für die Ellenbogen und einen Helm.

Absolut in war es auch, einen Gameboy zu besitzen. Der Gameboy, eine Handheld-Konsole der japanischen Firma Nintendo,

Vorgelesen bekamen wir aber noch immer gerne.

kam 1989 in Amerika und 1990 in Europa auf den Markt. Bis 1998 spielten wir vorrangig das Spiel Tetris, leider nur mit schwarz-weißem Bildschirm. Erst später kam der Gameboy Color in den Handel.

Die Angst geht um

An die übervollen Regale in der Kaufhalle, die jetzt berechtigt Supermarkt hieß, an Reisefreiheit und viele gute andere Dinge haben wir uns schnell gewöhnt.

Schwerer war für viele zu verstehen, dass Mutti jetzt nicht mehr arbeiten ging. Als kleinere Kinder hätten wir uns vielleicht darüber gefreut, aber mit wachsender Selbständigkeit? Aus unserer Sicht hatte sie jetzt einfach viel zu viel Zeit, unsere Hausaufgaben zu kontrollieren, uns die Schränke im Kinderzimmer mal wieder aufräumen zu lassen und uns an Aufgaben des Haushaltes zu beteiligen. Außerdem fehlte ein Verdiener in der Haushaltskasse, wo es jetzt doch so viele schöne Sachen zu kaufen gab. Schlimm wurde es, wenn der Ernährer statt morgens zur Arbeit, zum Arbeitsamt musste.

Arbeitslosigkeit war in der DDR ein Fremdwort. Die DDR hatte das Recht auf Arbeit in der Verfassung verankert. Die nach 1990 fortbestehenden Großbetriebe reduzierten ihre Belegschaft teilweise um 90 Prozent, um am Markt bestehen zu können. Ganze Industriezweige brachen weg. Die Unzufriedenheit über die Abwicklungspolitik der ehemaligen DDR-Betriebe durch die Treuhand wuchs bei den Ostdeutschen. Einige westdeutsche Firmen kauften ehemalige VEBs für einen Andenkenpreis, um sie anschließend plattzumachen und damit etwaige Konkurrenz zu beseitigen. Auch in den Klassen merkte man jetzt deutlich Unterschiede. Arbeiteten beide Elternteile und verdienten dementsprechend gut, dann konnten die Sprösslinge modisch nach dem neusten Trend gekleidet werden. Sie hatten zu Hause ihren Computer auf dem Arbeitstisch als Hausaufgabenhilfe, ein neues Fahrrad, Inlineskates und natürlich einen Gameboy, nahmen jetzt Tennisstunden und feierten Kindergeburtstage bei McDonald's oder richtig groß zu Hause. Neid war vorprogrammiert. Freizeitvergnügen ohne Geld war kaum noch zu bekommen, die kleineren Sportclubs gingen ein wie auch mancher Jugendclub.

Wer liebte sie nicht, die fünf Boys von Take That?

Erst die Boys, dann die Girls

Unsere Eltern liebten noch die Pilzköpfe aus Liverpool und die wilden Rolling Stones. Wir waren Kinder der Boygroup-Ära. „New Kids on the Block" machten den Anfang. Als die erfolgreichste Band darf sich aber „Take That" bezeichnen. Die vier Briten lösten, besonders natürlich beim weiblichen Geschlecht, ähnliche Massenhysterien aus, wie seinerzeit die „Beatles". Jede oder jeder von uns hatte seine Lieblingsband, ob es die „Backstreet Boys" waren, „Caught in the Act" aus den Niederlanden oder „Boyz II Men"... Doch nur wenigen ehemaligen Mitgliedern von Boygroups war später so eine erfolgreiche Solokarriere gegönnt wie Robbie Williams.

Wo die Boys sind, sind die Girlies nicht weit. Und so griffen nur ein paar Jahre später die „Girlgroups" in die internationalen Charts ein. Bekannteste Vertreterinnen die „Spice Girls" und die „No Angels".

Die Tücken der Technik

Für viele waren wir die Bananenossis. Ganz schlimm dran waren die Sachsen, die allein schon wegen ihrer Sprache verspottet wurden, bis Schauspieler Wolfgang Stumph den Dialekt salonfähig machte. Klar, wir hatten noch nicht so viel von der Welt gesehen und viele Dinge des alltäglichen Lebens, die für die Wessis selbstverständlich waren, waren neu für uns. So entstanden auf beiden Seiten Vorurteile. Sie waren für uns die Besserwessis, die einfach alles besser wussten.

Unsere Unerfahrenheit begann bei den vielen Automaten, einen, um Fahrkarten zu kaufen, einen für Getränke ... Wir hätten auf öffentlichen Toiletten einen Lehrgang für die Klospülung und die Bedienung der unterschiedlichen Wasserhähne gebraucht. Getreu dem Schlager „Man muss doch nur den Nippel durch die Lasche ziehen ..." versuchten wir, meist verschwenderisch mehrfach einge-

Selbst für die Kleinsten war der Computer ein Kinderspiel.

packte Lebensmittel fachgerecht zu öffnen. Aber wir lernten schnell. Und die blöden Bananen hatten wir bald satt und zogen anderes Obst vor.

Auf jeden Fall wussten wir über die Bundesrepublik mehr als viele Nachbarn über die ehemalige DDR. Schließlich hatten wir immer fleißig Westfernsehen gesehen und wussten auch, dass Koblenz am Rhein liegt, während Städte wie Chemnitz und Zwickau für Westdeutsche oft Niemandsland waren. Aber schließlich waren wir Teenager aus beiden Teilen Deutschlands jung genug, um uns zusammenzuraufen.

Unsere Catwurst war jetzt eben ein Hotdog, das Würzfleisch ein Ragout fin und die Broiler einfach Brathähnchen. Wer eine hatte, fuhr weiter auf seine Datsche (Wochenendhaus) und Nietenhosen waren selbst bei unseren Eltern schon lange Jeans. Oftmals konnten wir unseren Eltern sogar Lehrstunden geben, wie man einen Computer bedient oder einen Videorekorder programmiert.

Filme, die man gesehen haben muss

Es sind Kultfilme, die selbst fast zwei Jahrzehnte später nichts von ihrem Status eingebüßt haben. Kurz nach der Wende müssen wir einfach über „Go Trabi go" (1990) herzlich lachen. Ist es doch eine Geschichte, die, zwar satirisch überhöht, jedem Ossi passieren kann.

In das Genre der modernen Märchen fällt dagegen wohl eher die Aschenputtel-Story „Pretty Woman" (1990). Ein Film zum Träumen. So wie Richard Gere, stellen sich Mütter ihren künftigen Schwiegersohn vor, oder träumen sie selbst von so einem Mann?

Der computeranimierte Dinosaurierfilm „Jurassic Park" von Steven Spielberg (1993) findet so viel begeisterte Anhänger, dass Fortsetzungen gedreht werden. Dinos sind auf einmal angesagt und die Naturkundemuseen erleben einen erstaunlichen Besucherzuwachs vor allem an jungem Publikum.

Auch „Kevin – allein zu Haus" (1991) und der zweite Teil „Kevin – allein in New York" (1992), Namensgeber für viele Kinder der neunziger Jahre, lockt viele jüngere wie ältere Zuschauer in die Kinos.

Im Fernsehen muss man natürlich „Beverly Hills 90210" sehen ebenso wie „Baywatch" mit Mädchenliebling David Hasselhoff. Dazu beginnt 1992 eine schwere Fernsehabhängigkeit namens Seifenopermanie, der medizinische Fachbegriff „GZSZ" („Gute Zeiten – Schlechte Zeiten"). Sie soll bis heute bei einigen unvermindert anhalten. Dem Beispiel folgen „Marienhof" und „Verbotene Liebe".

Der Film „Go Trabi go" brachte uns „Ossis" viele Sympathien ein.

Fast erwachsen

Am Ende der 8. Klasse wurden wir in den Kreis der Jugendlichen aufgenommen. Obwohl wir jetzt Neubundesbürger waren, entschieden sich die meisten Mitschüler für die Teilnahme an der Jugendweihe. Das schloss bei manchen nicht aus, dass sie auch zur Konfirmation gingen. Es musste einfach ein Fest sein, das unseren Eintritt ins Jugendalter besiegelte. Wir waren nun keine Kinder mehr, bitte schön, eben fast erwachsen. Wie bei unseren Eltern und älteren Geschwistern wurde aus dem Tag ein fröhliches Familienfest. Einziger Unterschied zu DDR-Zeiten: Die Familie war oftmals größer geworden, weil nun unsere „Westverwandten" zur Feier kamen. Die ganze Sippschaft hatte wieder einmal Gelegenheit, sich herauszuputzen und wir „Jugendweihlinge" bekamen ein neues Outfit.

Zu einer schönen Tradition gehörte es auch, dass sich oftmals mehrere Familien zu einer Feiergemeinschaft in einer Gaststätte zusammenschlossen. Während die Familien an ihren Tischen schwatzen, konnten wir Jugendlichen unter uns sein.

Aufstellen zum Familienbild bei der Jugendweihe.

Zum Lieblingsitaliener

Ein Grillfest wird vorbereitet, das ist natürlich Männerarbeit.

Im Vergleich zu DDR-Zeiten bekommt man in nachwendlichen Zeiten im Lokal seiner Wahl sicher sogar einen Platz, wenn man nicht vorbestellt hat. Die dämlichen Schilder „Sie werden platziert" gibt es zum Glück nicht mehr und siehe da: Die Ober sind von Halbgöttern über ein paar Tische und Stühle zu freundlichen Servicemitarbeitern mutiert, denen das saisonale Geschäft mit Jugendweihen und Konfirmationen die Trinkgeldtasche füllt. Denn die alteingesessenen Schnitzel- und Rouladenverkäufer müssen sich in kürzester Zeit mit harter Konkurrenz auseinandersetzen. Nicht mehr der gutbürgerliche Mittagstisch ist gefragt, sondern man geht zum Lieblingsitaliener um die Ecke, holt sich noch einmal Urlaubslaune beim Griechen gegenüber, probiert indische, mexikanische oder japanische Spezialitäten.
Außerdem tritt der Döner seinen Siegesfeldzug im Osten an und droht, die Currywurst von ihrem Stammplatz zu verdrängen. Hartnäckig behauptet sich dagegen die Eigenbrutzelei am heimischen Grill.

Früh aus dem Nest gefallen

1994-1998

Das 15. bis 18. Lebensjahr

Schrill, bunt und leuchtend

Wir waren im Straßenbild nicht zu übersehen. Die Mode tat sich seit Mitte der 90er Jahre überhaupt keinen Zwang an. Sie schwelgte in grellen Farben. Ob Hosen oder T-Shirts, alles war in, was schrill, bunt und leuchtend war. Wenigstens ein Haarband oder Haarreifen in „Schockfarben" durfte bei uns Mädels nicht fehlen. Bei den Jungen machte die Baseballkappe das Outfit erst komplett. Zum Glück verschwanden die Schulterpolster aus dem modischen Trend ebenso wie die Dauerwelle, bevor wir unsere Haarpracht zu Locken meucheln lassen mussten. Dafür kamen bunte Strähnchen ins Haar.

Hinzu kam der 70er-Jahre-Retro-Stil: Schlaghosen und figurbetonte T-Shirts vor allem bei den Mädels waren angesagt. Sicher ging ein Aufschrei durch das Lager der Orthopäden, als auch noch die Plateauschuhe eine Renaissance erlebten. Sie tarnten sich sogar als Turnschuhe. Die Jungen sahen teilweise komisch aus mit ihren Schlabbershirts und den durch die Skater- und Hip-Hop-Kultur beeinflussten weiten Baggy Pants, bei denen der Hosenboden meist in den Kniekehlen hing. Dazu thronte ein Topfschnitt auf dem Kopf. Aber es war hip.

Es gab in der Mode keine Unterschiede mehr zwischen Ost und West. Die echte Levis 501 gehörte längst zur Grundausstattung, wie überdimensionierte Schlaghosen, die Batik-Shirts und die ersten Piercings.

Chronik

27. April 1994
Bei den ersten freien Wahlen in Südafrika wird Nelson Mandela zum ersten schwarzafrikanischen Präsidenten Südafrikas gewählt.

23. Mai 1994
Der bisherige Präsident des Bundesverfassungsgerichts, Roman Herzog, wird neuer Bundespräsident.

31. Dezember 1994
Zum Jahresende stellt die Treuhandgesellschaft zur Privatisierung volkseigener Betriebe ihre Arbeit ein.

11. Juni 1995
Als Massaker von Srebrenica geht ein Anschlag in die Geschichte ein. Die Serben erobern die UN-Schutzzonen in Bosnien und Herzegowina. 8000 Muslime werden ermordet.

29. Juni 1995
Das amerikanische Shuttle „Atlantis" dockt in einem ersten gemeinsamen Raumfahrtprogramm an die russische Raumstation „MIR" an. Fünf Tage lang arbeiten zehn Astronauten an Bord der „MIR" mit russischen Kosmonauten.

30. Juni 1996
Bei der Fußball-Europameisterschaft wird die deutsche Elf durch ein Golden Goal von Oliver Bierhoff Europameister.

28. Februar 1997
Ein Nachkriegsrekord wird in Deutschland mit 4,67 Millionen Arbeitslosen erzielt.

31. August 1997
Englands Prinzessin Diana stirbt bei einem Autounfall in Paris.

1. April 1998
Die Mehrwertsteuer wird von 15 auf 16 Prozent angehoben.

1. Juli 1998
Der zwischen Großbritannien und China geschlossene Pachtvertrag über die Nutzung von Hongkong läuft aus. Hongkong wird chinesisch.

27. September 1998
Die CDU verliert nach 16 Jahren ihre Mehrheit im Deutschen Bundestag. „Vereinigungskanzler" Helmut Kohl (CDU) wird als Bundeskanzler von Gerhard Schröder (SPD) abgelöst.

Ganz „in" mit Turnschuhen von Buffalo.

Gemeinsam die BRAVO lesen macht Spaß.

Geliebte BRAVO

Alles, was verboten ist, hat bekanntlich einen besonderen Reiz. Zu DDR-Zeiten durfte sich keiner in der Schule mit der westlichen Jugendzeitschrift „BRAVO" erwischen lassen. Hatte jemand ein Exemplar ergattert, dann ging es heimlich von Hand zu Hand, bis die Zeitschrift von den intensiven Lesern ganz zerfleddert war. Doch jetzt gehörte sie bei vielen von uns Jugendlichen als Stilikone zur „Hausbibel". Wie kleidet und schminkt man sich, welcher Schmuck ist angesagt, welches Idol lebt wie und ist mit wem zusammen – diese „lebenswichtigen" Themen wurden Woche für Woche beantwortet. Dazu gab es Sexualaufklärung gratis. Manches Jugendzimmer schmückte das lebensgroße Poster des Lieblingsstars, das man einem Puzzle gleich aus mehreren Ausgaben zusammensetzen konnte. Dazu gab es „BRAVO TV" wöchentlich mit den Charts, einem Wunschvideo und Interviews mit den Größen aus Pop, Film, Fernsehen. Hatten doch unsere großen Brüder und Schwestern in der DDR brav die „Junge Welt" gelesen und als Bückware mal das Jugendmagazin „neues leben" kaufen können. Letzteres überlebte die Wende nur kurz bei immer weiter sinkenden Leserzahlen. Auch die „Junge Welt" führte bei uns Neu-Bundesbürgern ein Schattendasein, und die abgespeckte Variante hält sich mühsam am Rand des Zeitungsmarktes.

Schocktherapie für Oma

Bei Familienfeiern saßen wir brav am gemeinsamen Abendbrottisch. Danach wurden wir unruhig und verschwanden für Stunden im Bad. Die Haare wurden aufgestylt, ein Make up aufgetragen, mehrere Outfits ausprobiert und so traten wir dann vor die bei einem Glas Wein versammelte Runde. Während Großeltern, Onkel und Tanten verschämt gähnend daran dachten, sich in Richtung Bett auf den Weg zu machen, rüsteten wir zum Besuch der Disco oder eines angesagten Showprogramms. „Was, jetzt noch, um 22 Uhr und in der Aufmachung?!", ernteten wir und unsere Mütter gleichzeitig einen vorwurfsvollen Blick mit dem beigefügten Kommentar an unsere Eltern gerichtet: „Um die Zeit musstet ihr schon zu Hause sein und wir waren früher längst von unserem Tanztee zurück."

Die meisten unserer Eltern hatten zum Glück gelernt loszulassen, mit der Zeit zu gehen und uns auch Vertrauen zu schenken. Wir hatten einfach Spaß am Tanzen. Wange an Wange auf Schmusekurs fanden wir voll peinlich, sondern wir rockten lieber in bunt gemischter Reihe. Wenn man allerdings verliebt war, dann sah das schon ganz anders aus, mit der körperlichen Nähe.

Tanzstunde mit allem Brimborium wie Abschlussball war auch nicht mehr angesagt. Eins, zwei, drei und Drehung, nein, wir wollten eher rocken, wie uns der Rhythmus in die Füße fuhr.

Trotzdem weiß ich, dass unsere Eltern in den Nächten, in denen wir ausgingen, einen leichten Schlaf hatten und froh waren, wenn sich der Schlüssel, meist mit dem ersten Hahnenschrei, wieder in der Haustür drehte. Wir durften ausschlafen und mussten uns nicht am sonntäglichen Frühstückstisch einfinden.

Im crazy Outfit zur Party.

Loveparade

1989 wird die Technoparade von Dr. Motte ins Leben gerufen und wächst von 150 Beteiligten bei der ersten Veranstaltung auf 1,5 Millionen Besucher zehn Jahre später. Schrill, laut, bunt, sexy und voller Lebensfreude präsentiert sich einmal im Jahr Deutschlands größte Tanzveranstaltung und Straßenfete – die Loveparade – in Berlin. Und natürlich sind auch wir mindestens einmal mit dabei, wenn sich der Zug mit Trucks, Tänzern und lauter Technomusik vom Ernst-Reuter-Platz um die Siegessäule bis zum Brandenburger Tor bewegt. Der Asphalt vibriert bei der Technomusik, die von den Wagen live und mit voll aufgedrehten Verstärkern herunterschallt. Es ist ein Treffen von Technofans und schaulustigen Touristen aus allen Teilen Deutschlands und der Welt. Wir ziehen uns so verrückt an wie möglich und geizen nicht mit unseren Reizen. Es wird getanzt, getanzt, getanzt.
Kritik wird jedoch laut an dem einhergehenden Drogenkonsum und den Müllhinterlassenschaften der Feiernden und Schaulustigen.
Seit 2007 zieht die Loveparade fünf Jahre aufeinander durch das Ruhrgebiet.

Trennung

Nach der 10. Klasse trennten sich für die meisten von uns die Wege. Einige waren froh, einen Ausbildungsplatz in ihrem Wunschberuf bekommen zu haben. Wussten sie, dass dann nach dreijähriger Lehrzeit das „große" Geldverdienen beginnt, vorausgesetzt, der Betrieb übernahm sie ins Angestelltenverhältnis oder sie fanden in einem adäquaten Unternehmen einen Job. Die Hotel- und Tourismusbranche stand hoch im Kurs, aber auch kaufmännische Berufe. Andere von uns bereiteten sich auf das Abitur vor, um bessere Berufsaussichten zu haben oder später zu studieren.

Einige von uns nutzten die neue Freiheit, um die Schulzeit um ein Jahr zu verlängern, Sprachkenntnisse berufsvorbereitend zu erweitern und einmal etwas ganz anderes zu erleben. Besonders Amerika, der richtige Westen, war bei uns angesagt. Also bewarb

Wir Austauschschülerinnen fanden uns als Cheerleader meist ganz toll.

Vor dem Schulkomplex der Gastschule in den Staaten.

man sich um einen Platz auf einer amerikanischen High School. Natürlich war es unser Traum, dieses besondere Schuljahr möglichst in Kalifornien oder Florida, am besten ganz nah an der Küste zu verbringen. Amerika ist aber so unendlich groß und so ging dieser Wusch bei den wenigsten in Erfüllung.

Es war uns doch schon ganz schön mulmig, als wir allein in den Flieger stiegen, um zwischen uns und unsere Eltern den „großen Teich" zu legen und in einen Ort zu fliegen, den wir gerade noch auf einer Landkarte gefunden hatten. Wir würden uns ein ganzes Jahr lang nicht sehen, konnten auch nicht täglich telefonieren. Wir waren nicht einmal

Aufgestylt zum großen Ball an der High School.

volljährig und dabei schon ganz auf uns gestellt. So schnell kann man erwachsen werden. Wie würden uns die Gasteltern, bei denen wir wohnen würden, aufnehmen? Gab es vielleicht nervige Geschwister? Welche Pflichten erwarteten uns in dem neuen Haushalt? Wie kämen wir mit dem Schulsystem zurecht? In einem Satz – es erwartete uns ein aufregendes, lehrreiches Jahr, mit vielen neuen Eindrücken und Erfahrungen.

Nach dem einen Jahr im Ausland gingen wir bereichert um viele Erfahrungen und Erlebnisse zurück an unsere alte Schule. Zumindest um unsere Note im Fach Englisch brauchten wir uns jetzt keine Sorgen mehr zu machen.

Auf Tour

Natürlich verreisten wir auch noch mit den Eltern, wenn das Ziel sich für uns lohnte.

Weiße Strände, Palmen, Sonne pur – wer kann da schon nein sagen. Mit unseren fast perfekten Sprachkenntnissen empfahlen wir uns außerdem als Reiseleiter für die ganze Familie.

Doch besonders toll war es, mit Gleichaltrigen in Sommer-Jugendlagern dem Affen so richtig Zucker zu geben. In die entlegensten Winkel haben wir Leben gebracht und im Dorfkrug ordentlich abgerockt. Es gab immer etwas zu feiern, zu organisieren, zu lachen, zu bequatschen. Langeweile kam nie auf, dafür haben wir selbst bei Wanderungen gesorgt.

Wandern kann sogar Spaß machen.

Freund oder doch lieber ein Plüschtier oder beides?

Darf es ein bisschen mehr sein? Nach diesem Motto fanden jetzt auch unsere Klassenfahrten statt. Es ging nicht mehr nur mit einem Vorortzug um die Ecke, um die Bäume im Wald zu zählen und vielleicht zu baden, sondern wir starteten schon richtige mehrtägige Reisen ins europäische Ausland.

Perfekte Kostümierung zum Neptunfest.

Mädchen haben sich immer etwas zu erzählen.

Bei Klassenfahrten und in sommerlichen Jugendlagern war natürlich auch unser kleiner Freund Amor mit einem ganzen Köcher voller Pfeile nicht weit. Wir haben geflirtet, uns verliebt, es gab Tränen und wir haben uns neu verliebt.

„The Wrapped Reichstag"

Im Juni 1995 realisieren Christo und seine Frau Jean-Claude ein lang geplantes Projekt und verhüllen den Deutschen Reichstag in Berlin mit 100 000 Quadratmetern silbrig glänzenden Polypropylengewebes, zusammengehalten von 1300 Kilometern Garn. Die Reichstagsverhüllung wird zum Kunstspektakel des Jahres und wird von mehr als fünf Millionen Menschen bestaunt. Christos Idee, Formen und Inhalte durch ihre Verhüllung erlebbar zu machen und die Vergänglichkeit der Kunst wie des irdischen Lebens zu verdeutlichen, überzeugt auch Skeptiker.

Handymanie

Wer weiß schon, dass unsere Handymanie bereits 1926 ihren Anfang nahm? In den Zügen der Deutschen Reichsbahn gaben die mobilen Telefone Reisenden der 1. Klasse die Möglichkeit, zu telefonieren. Die ersten Autotelefone, noch handvermittelt, wurden Ende der fünfziger Jahre eingesetzt. Immerhin kosteten die Geräte zirka 50 Prozent des Wagenpreises. Anfang der achtziger Jahre trat dann vorsichtig der digitale Mobilfunk seinen Siegeszug an und ab etwa 1992 bürgerte sich der Name Handy ein.

Ein Handy der früheren Generation, noch mit Antenne.

Bei uns Jugendlichen ist das tragbare Telefon nicht mehr wegzudenken. Wir konnten unsere Eltern schnell zum Kauf eines Handys überreden mit dem besten Argument, das es gibt: „Ihr wisst dann immer, wo wir sind, wir können immer anrufen, auch wenn es mal später wird." Dazu wollten wir das Ding eigentlich gar nicht haben, sondern um ungestört Verabredungen treffen zu können, mit Freunden und Freundinnen zu quasseln und zu „simsen" bis der Arzt kommt. Das große Erwachen nebst Donnerwetter kam mit der Telefonrechnung.

Der Speck muss weg

Hamburger, Cheeseburger, Mayo, Pommes, Pasta, Cola, das sind leckere Dinge, die aber nach dem Motto wirken „Fünf Minuten auf den Lippen und Jahre auf den Rippen". Manche von uns hatten offensichtlich auch noch mit dem so genannten Babyspeck zu kämpfen. Also gab es nur zwei Wege, eine gute Figur zu bekommen oder zu behalten: auf jeden Genuss zu verzichten und ein Salatblatt fein auf den Tag zu verteilen oder sich richtig sportlich auszutoben.

Die Fitnessstudios waren im Osten Deutschlands wie Pilze aus dem Boden gewachsen. Und es galt als total „in", natürlich im richtigen

Outfit, den Body an Ergometern, Rudergeräten, mit Hanteln zu stählen und auf Laufbändern von Rostock nach Dresden zu laufen. Darüber hinaus nahmen wir an Aerobic-Kursen teil, um musikalischen Rhythmus mit Sport zu verbinden. Selbst zu Hause auf dem Teppich wurde trainiert.

Unsere gleichaltrigen Jungs trafen wir seltener im Studio. Sie waren mehr in Sportvereinen zu Hause, beim Handball, Fußball, Eishockey, beim Radsport oder unternahmen ganz in fröhlicher Männerrunde lange Radtouren. Radfahren war schließlich wieder eine angesagte Sportart, nachdem Jan Ullrich am 27. Juli 1997 als erster Deutscher die Tour de France gewann.

Fortgeschritten mit Gruppenhelferausweis beim DTB.

Muskeltraining für eine super Figur.

15. bis 18. LEBENSjahr

Die Oderflut

Zahlreiche Ortschaften im Oderbruch stehen unter Wasser.

Am 17. Juli 1997 erreicht nach tagelangen starken Niederschlägen in den tschechischen und polnischen Gebirgsregionen das Hochwasser der Oder das Land Brandenburg und lässt nur sechs Tage später den ersten Deich bei Brieskow-Finkenherd brechen. Mehrere Ortschaften stehen unter Wasser. Knapp 6500 Menschen müssen evakuiert werden, ebenso wie das Vieh im Oderbruch. Erst über drei Wochen später kann Entwarnung gegeben werden. Die Oderflut erfordert den größten zivilen Katastropheneinsatz in Deutschland seit Kriegsende 1945. 30 000 Soldaten sind im Einsatz ebenso wie zahlreiche Helfer des THW, des Roten Kreuzes, der Feuerwehr und der DLRG. Die Flut löst eine Welle der Hilfs- und Spendenbereitschaft in West und Ost aus. Die Schäden werden auf 330 Mio. Euro in Deutschland beziffert. Polen und Tschechien sind noch stärker betroffen.

Jetzt wird es ernst

Unsere Eltern hatten uns eindringlich aufgeklärt. Jetzt wird es eng. Wer null Bock auf Schule hat, hat no Future. Egal, ob bei Haupt-, Realschulabschluss oder mit Abitur, wer es vergeigt, hat keine Chance auf einen ordentlichen Ausbildungsplatz oder gar auf ein Studium. Wer studieren wollte, sollte sich schon frühzeitig überlegen, in welche Richtung sein Berufswunsch geht. Denn dementsprechend wurden die Kurse in den

Aufstellung im Klassenraum für das Erinnerungsfoto.

Abiklassen belegt. Bei einigen schlug das Herz mehr für die Naturwissenschaften, bei anderen in Richtung Sprachen. Wir schafften es tatsächlich, uns mal weniger um Charts, Mode, Sport und das andere Geschlecht zu kümmern, sondern mehr um Formeln und Vokabeln. Unsere Eltern hatten zu Ostzeiten mit schlechteren Abschlussnoten im Zeugnis immer noch eine Chance bekommen.

Es gab Abendstudium, Weiterbildungen oder Fernstudien, meist sogar vom volkseigenen Betrieb bezahlt und sie wurden für die Studientage von der Arbeit freigestellt. So einfach würden wir es nicht haben. Lehrstellen, besonders in gefragten Berufen, waren knapp. Studieren konnte auch nur, wer das Abitur aufwies. Hätte ich doch … – diese Erkenntnis kam

Geschafft: Der Abiball beendet ein Kapitel unseres Lebens.

bei einigen zu spät, als sie beim Lehrstellenmarathon eine Absage nach der anderen kassierten.

Auch der Ausbildungsplatz war noch keine Garantie. Oftmals übernahmen die Unternehmen ihre Lehrlinge nach dem Abschluss nicht und dann kam wieder die Lauferei nach einem Job.

Auch wir, die wir ein Studium begannen, wussten, dass wir trotz guter Noten vielleicht auf Jahre zur so genannten Praktikumsgeneration gehören würden. Ein Jahr sich krummlegen in einem Praktikum mit der Hoffnung auf eine feste Anstellung und dann kamen neue Praktikanten. Wir mussten uns wieder etwas Neues suchen und der Kampf begann von vorn. Aber so weit war es noch nicht und ein Quäntchen Glück gehört ja auch immer im Leben dazu.

„Über sieben Brücken"

Von den DDR-Spitzenmuskikgruppen haben sich die Puhdys, die Gruppe „Karat" und „City" über die Wende gerettet, wenn sie auch nicht mehr im Spitzenfeld deutscher Rockmusik mitmischen. Immerhin hat „City" von ihrem erfolgreichen Titel „Am Fenster" bis heute mehr als zehn Millionen Tonträger weltweit verkauft. Zu ihrem dreißigjährigen Bühnenjubiläum 1999 locken die Puhdys 22 000 Fans in die ausverkaufte Berliner Waldbühne.

Der Song „Über sieben Brücken musst du gehen", eine Gemeinschaftsproduktion der Gruppe „Karat" mit Peter Maffay, wird genau zu einem Zeitpunkt in einem AMIGA-Tonstudio produziert, als sich in dessen unmittelbarer Nähe die Tore der Berliner Mauer öffnen. Der Song wird zur Hymne des Jahres.

18 rote Rosen zum 18. Geburtstag.

Mit voller Durchschlagskraft

Wir waren nun endlich 18 Jahre, hatten das Abitur in der Tasche oder standen mitten in der Ausbildung oder teilweise sogar schon im Berufsleben.

Endlich konnten wir einen Führerschein machen und damit noch beweglicher werden. Jetzt wurde auf einen kleinen fahrbaren Untersatz gespart.

Wir waren flügge und viele von uns flatterten aus dem Nest, in eine eigene kleine Bude, eine WG oder wagten das Abenteuer, mit einem Freund zusammenzuziehen. Das beste Argument für unsere Eltern, Omas und Opas, uns beim Kauf eines Autos zu unterstützen, war: „Wir können euch dann viel öfter besuchen." Denn Studien- und Ausbildungsorte waren meist ein ganzes Stück von zu Hause entfernt.

Bei allem, was wir taten, lungerte Amor um uns herum. Einige wurden immer nur von einem seiner Pfeile gestreift, das aber umso häufiger. Bei anderen ging der Schuss mitten ins Herz und verhakte sich dort. Doch selten wurde gleich geheiratet, immer nach dem Motto „Drum prüfe, wer sich ewig bindet …". Denn auch ohne Trauschein kann man glücklich sein und an Kinder war bei den meisten von uns noch lange nicht zu denken. Erst einmal die Ausbildung schaffen, Spaß haben, reisen … das Leben kann so schön sein.

18 Jahre waren im Fluge vergangen und wie es weiterging …? Wir freuten uns auf die Zukunft. Und schließlich wollten wir alt wie ein Baum werden, um es mit den Puhdys zu sagen.

Zukunft, wir kommen!